排球运动发展研究

姜 威 著

东北大学出版社
· 沈 阳 ·

图书在版编目（CIP）数据

排球运动发展研究 / 姜威著 . — 沈阳 : 东北大学出版社 , 2022.8
ISBN 978-7-5517-3063-1

Ⅰ . ①排… Ⅱ . ①姜… Ⅲ . ①排球运动—发展—研究—中国 Ⅳ . ① G843.92

中国版本图书馆 CIP 数据核字（2022）第 141539 号

出 版 者：东北大学出版社
地址：沈阳市和平区文化路三号巷 11 号
邮编：110819
电话：024-83680176（总编室） 83680267（社务部）
传真：024-83680180（市场部） 83687332（社务部）
网址：http://www. neupress. com
E-mail:neuph@ neupress. com
印 刷 者：辽宁一诺广告印务有限公司
发 行 者：东北大学出版社
幅面尺寸：170 mm × 240 mm
印　　张：9.5
字　　数：166 千字
出版时间：2022 年 8 月第 1 版
印刷时间：2022 年 8 月第 1 次印刷
策划编辑：邴　璐
责任编辑：杨世剑
责任校对：张庆琼
封面设计：潘正一

ISBN 978-7-5517-3063-1　　定　价：35.00 元

前言
PREFACE

排球运动经过多年的发展，如今深受不同性别、不同年龄、不同层次人群的喜爱，原因是排球运动具有集健身、休闲、娱乐、竞技、教育、审美等价值于一体的多元化功能，并且有着动作简单易学、开展组织方便等运动特点。如何激发人们对排球运动的热爱，让其成为人们休闲、娱乐和健身的方式，让排球运动得以发展，成为当下的新课题。

本书共设置五章：第一章阐述排球运动的起源与发展、排球运动的特征及价值、排球运动竞赛及其欣赏、排球文化及其传承发展；第二章探讨气排球、沙滩排球与软式排球运动的发展；第三章讨论排球运动的技术及其动作方法、排球运动的战术及其实战技巧、排球运动的核心稳定性训练、排球运动的心理素质训练方法；第四章基于排球运动可持续发展的基本理念，探讨排球运动可持续发展的影响因素、原则与结构、思路与措施；第五章论述排球运动人才培养的模式与策略、数据挖掘技术在排球运动教学中的应用，并以翻转课堂为例，探讨“互联网 +”背景下排球运动技术的教学模式创新。

本书根据排球运动的教学要求，以排球运动的基本知识，技术、战术、技战术的训练方法，排球运动的可持续发展，排球运动的人才培养与教学为主要内容，较全面地向读者展现了排球运动的全貌，力图使读者通过阅读和学习本书，对排球运动有较全面的了解。

著者在撰写本书过程中，得到了许多专家学者的帮助和指导，在此表示诚挚的谢意。由于著者水平有限，加之时间仓促，本书中所涉及的内容难免有疏漏之处，希望各位读者多提宝贵意见，使之更加完善。

著　者

2022 年 5 月

目录
CONTENTS

第一章　排球运动发展与基础 …………………………………… 1

第一节　排球运动的起源与发展 ……………………………… 1

第二节　排球运动的特征及价值 ……………………………… 6

第三节　排球运动竞赛及其欣赏 ……………………………… 10

第四节　排球文化及其传承发展 ……………………………… 21

第二章　多维排球运动 ………………………………………… 28

第一节　气排球运动 ………………………………………… 28

第二节　沙滩排球运动 ……………………………………… 34

第三节　软式排球运动 ……………………………………… 39

第三章　排球运动技战术、核心稳定性及心理素质训练 ……… 41

第一节　排球运动的技术及其动作方法 ……………………… 41

第二节　排球运动的战术及其实战技巧 ……………………… 82

第三节　排球运动的核心稳定性训练 …………………………… 94
第四节　排球运动的心理素质训练 ……………………………… 98

第四章　排球运动的可持续发展探索 ………………………… 108

第一节　可持续发展的基本理念 ……………………………… 108
第二节　排球运动可持续发展的影响因素 …………………… 110
第三节　排球运动可持续发展的原则与结构 ………………… 111
第四节　排球运动可持续发展的思路与措施 ………………… 113

第五章　排球运动的人才培养及教学创新发展 ……………… 121

第一节　排球运动人才培养的模式与策略 …………………… 121
第二节　数据挖掘技术在排球运动教学中的应用 …………… 125
第三节　“互联网+”背景下排球运动技术的教学模式创新——翻转课堂 ……………………………………………… 127

参考文献 ……………………………………………………………… 144

第一章 排球运动发展与基础

第一节 排球运动的起源与发展

一、排球运动溯源

排球运动的产生时间和现代奥运会的产生时间相近，排球运动历经100多年的发展，已经逐步成熟。19世纪90年代，美式足球和篮球两种球类运动开始流行，因其强烈的身体对抗和较大的运动量而在年轻人中迅速得到普及，但也因此并不适合中老年人参与。所以，体育界考虑到中老年人的运动需求，计划设计一项运动量相对较小、身体对抗也不强烈的体育运动项目。有人开始用篮球的内胆作为运动工具在海边进行运动，加上当时网球运动比较盛行，这两种体育运动项目很好地启发了威廉·摩根，他通过不断的尝试和观察，用篮球的内胆制作了一个圆周长为63.5 cm、重量为255~340 g的皮质球，世界上第一个排球便由此产生，现代的排球也以此为原型发展而来。

排球运动在美国受到热烈追捧，在美国军官、士兵的影响下，排球运动被广泛传播，全球各地都接触到这一新奇的体育运动项目，但由于传入各地的时间不同，排球比赛的规则受当地习俗的影响也不同，这便导致虽然世界各地都兴起了排球运动，但是其运动形式存在极大的差异。

排球运动传入亚洲的时间在1900年左右，传入亚洲后采用的规则与美国排球的规则有很多不同之处。受当地风俗习惯的影响，各国的排球比赛规则截然不同，从 16 人制、12 人制，再到 9 人制、6 人制，排球运动的比赛人数也在不断调整。

20 世纪初，美国士兵对排球运动的传播作用最为显著。以欧洲为例，法国、苏联及波兰等最早出现的排球运动，都是由美国士兵带过去的。虽然排球运动传入欧洲的时间较晚，但是传入之时，关于比赛人数等赛制规范都是完善的。因此，排球运动传入欧洲后迅速发展，程度甚至超越了美国。当时的美国社会更多的是将排球运动当作享受和玩乐，竞技技巧、竞技的创新发展等都没有被其纳入考虑范畴，因而发展速度相对缓慢。

随着排球运动在全球范围内的不断发展，各国联合成立了国际排球联合会（以下简称国际排联），用以规范这项世界性的体育竞技运动。国际排联的成立，也是排球运动成为世界性竞技体育运动的标志。随着国际排联会员不断增多，排球世界锦标赛随之产生，参加国数量也大幅提升。多年来，排球运动竞技技巧不断提高，比赛愈发激烈，观看排球比赛的观众也越来越多。

随着排球运动的高速发展，国际上众多排球界人士为将排球比赛列为奥林匹克运动会（以下简称奥运会）的正式比赛项目而不懈努力，1964 年在东京举办的奥运会上，排球正式成为奥运会的比赛项目。从此以后，排球运动的发展进入一个崭新而高速的阶段。

每一种运动的发展都必须经历一个漫长的过程，并要有各方面力量的支持，才能不断壮大和丰富。排球运动在漫长的发展过程中，根据不同社会群体的各种要求，衍生出了以排球为主的其他运动休闲方式。例如，在比赛人数方面，奥运会有 6 人制排球，日常娱乐中有 9 人制排球、残疾人排球等；在场地限制方面，有沙滩排球、水上排球等；在排球的样式方面，有软式排球、气排球等。

二、排球运动发展

“排球运动经历了 100 多年的发展历程，其技术、战术变化也是多样的。长此以往的发展形成了排球运动的新格局和新的趋势。”① 世界排球运动发展可以用三个阶段来概括：一是从娱乐排球过渡到竞技排球的阶段；二是竞技排球高速发展的阶段；三是多样化竞技排球和娱乐排球再次崛起的阶段。

（一）从娱乐排球过渡到竞技排球的阶段

最初的排球运动，是为了帮助中老年人达到锻炼效果而发明的，是一种具有娱乐属性的运动。人们隔着球网打球，互相嬉闹，使球不落地，这便是人们参与这项运动的乐趣。最初没有排球技术，只需要双方尽力把球击打过网，即便不能一次性过网，还有同伴协助再次击打。在运动过程中，人们逐渐发现，最好的方式不是一次性击球过网，而是从靠近球网处拍打，甚至跳起来击球更容易取胜，于是多次击球的战术产生了。但是在执行战术的同时，需要等待好的时机，或者为技术更高的同伴提供得分机会，这便是初始的集合作战技术。

后来，人们觉得不应该让某一方不间断地击球，所以制定了任意一方最多只有三次击球过网机会的规则。这个规则衍生出两类技术：一是传球；二是扣球。其中，扣球技术具备强烈的攻击性，这也引来了许多年轻人的加入，让原本具有纯粹娱乐属性的排球运动多了一些对抗性。随着扣球技术的发展，人们又创造了拦网技术，在发球上也更注重从侧面上手，使得排球运动有了质的发展。

随着排球运动的发展，人们越来越重视比赛规则，不断对其进行修改，形成四大基本技术：发球、传球、扣球及拦网。同时，球员在战术上开始进行有意识、有目的、有组织性的活动，位置分工也逐渐明确。20 世纪 40 年代，开始出现系统性的拦网保护战术，主要用于对抗集体拦网、扣球和吊球中。此时的排球运动逐渐向竞技运动转变，只是国际上仍旧没有对其竞技准则、制度和组织做统一化规定。

（二）竞技排球高速发展的阶段

国际排联作为一个统一性组织，主要为了便于国际排球联赛的开展和

---

① 孙微微 . 浅谈排球运动的特点以及发展趋势［J］. 当代体育科技，2019, 9（32）：241-242.

沟通。1947年，国际排联成立，当年参加会议的共有14个国家，由各国排球协会的代表出席。国际排球宪章也在这次大会中被编撰成型，相应地也出现了技术委员会、组织竞赛委员会、裁判委员会，并公布了通用版本的排球竞赛标准。排球运动因国际排联的创立，正式告别了以往的娱乐性质，迈入竞技的新时期。

20世纪60年代中期到70年代末，是排球技术快速发展的阶段，各类流派在世界排坛纷纷崛起，一时间呈现出异彩纷呈、各显神通的局面。日本女排在20世纪60年代发明了一系列滚动救球、小臂垫球及勾手飘球的技术，打破了过去苏联和东欧国家主导的技术传统，并打破了苏联女排在世界冠军舞台上一枝独秀的局面。日本女排的三大技术发明，直接推动了排球战术的重大变革，同时极大地推动了排球运动的发展。在此阶段，有两个国家的女排被称为世界顶级女排，其战术也成为排球比赛的典型案例，即以日本女排为代表的“防守加配合”战术和以苏联女排为代表的“进攻加力量”战术，八届排球世界锦标赛的金牌被她们均分。

1965年，国际排联修改了规则，允许手过网拦球。那么，如何打破拦网，如何增加网上控空权，就是赛事获胜的重点。这个时候，男子“力量派”战术不再备受青睐，以德意志民主共和国（以下简称“东德”）为代表的“高度派”开始崛起，主要倚靠身材高大的队员的“超手扣球”来克服障碍，“东德”男排以此获得了两届世界锦标赛的冠军。中国男排在拦网规则修改的基础上，发明了“盖帽拦网”“平拉开扣球”技法，由此打开了“小个子打大个子”的大门。中国的“平拉开扣球”“近体扣球”技法也给日本男排提供了经验，日本男排发明了“短平快”“时间差”“位置差”的进攻式球法，打败了因扣球高度闻名的“东德”男排，在第二十届奥运会上，日本成为亚洲首个获得奥运会男子排球赛冠军的国家。

排球的技法和战术也在这一阶段日益精进，朝着激烈的对抗性和极高的技巧性方向不断发展。20世纪70年代后期，中国男排发明了“前飞”“背飞”等空间差的系列打法，再次推动排球运动迈入新阶段，即由二维空间式的进攻型战术转变成三维空间式的进攻型战术，由平面合作转变到立体合作。与此同时，美洲排球运动也进入了高速发展的阶段，古巴男、女排及美国女排也相继加入了世界排球顶级排球队伍的行列，不同排球流派也在国际频繁的赛事交往中互相借鉴、取长补短。亚洲球队的快攻技术被欧洲各队借鉴，整体开始往强攻结合快攻、力量结合技术的方向发展。

总体来看，20 世纪 70 年代是竞技排球技法最出众的阶段，这一时期许多技术各显神通、异彩纷呈，让竞技排球运动愈加热烈非凡。

（三）多样化竞技排球和娱乐排球再次崛起的阶段

竞技排球在经历了一系列的过渡、发展阶段后，在 20 世纪 80 年代正式迎来成熟阶段，告别了依靠单个环节的战术就能取胜的时代。1981—1986 年，中国女排取得五连冠，取胜的最重要原因是拥有一支全能型的队伍——既具备高度又有灵活战术，能攻能守，又快又准，并且摸索出一整套全面攻防、多元战术、以高攻矮、以快攻高的战术，这也让中国女排在世界排球史上留下了灿烂的篇章。同一时期的美国男排发明了两人接发球的沙滩排球运动打法，将前排的快变打法同后排的强攻技法融合起来，形成纵深且立体的进攻式打法。运用此打法，美国男排在世界舞台上夺得了四连冠。

中国女排和美国男排的胜利，推动了排球运动技法的变革，标志着排球运动迈向全面攻守时期。排球运动中的“全攻全守”，不仅仅是个体攻防战术的代名词，更是代表着大局的全面进攻和全面防守。“全攻”不仅意味着在思想上突破传统的进攻方式，而且在实战过程中，还要自发球的那一刻起，直到拦网都要具备这样的意识。在美国男排取得胜利后，西欧男排也开始崛起，并通过职业合作赛事的沟通借鉴，再次推动了攻防系统的发展，将跳发球及纵深立体的进攻打法发挥得淋漓尽致。

20 世纪 90 年代，随着意大利男排和荷兰男排的快速发展，排球运动职业化的时代到来，排球运动技能在职业俱乐部成立后有了飞速的提升。

直到 21 世纪，世界排坛的局面发生了翻天覆地的改变。就女排而言，中国、俄罗斯、意大利、巴西和美国女排纷纷撑起了女排的一片天。

如今，排球赛事也因为全方位的攻防增添了观赏性。在现代经济的推动下，人们的精神文化消费需求逐渐增加，于是健身和娱乐也被人们视作缓解疲累的有效途径。由于排球运动自身的高难度和技巧性，很多参与者都无法在运动中尽兴，因此，人们在排球的性能和比赛的规则方面做出了适当的调整，随后，娱乐排球风靡全球。

第二节　排球运动的特征及价值

一、排球运动的特征

“在现代体育运动体系中，排球占据着十分重要的地位，具有广泛的群众基础。随着现代排球运动的发展，对于排球项目的理解不断深入，排球项目运动水平也不断提升。”① 在体育运动这个大家庭中，排球运动在创建和发展过程中，形成了以下四个特点。

（1）形式的多样性和广泛的群众性。由于排球运动可变性较强，可以在地板上、草地上、雪地里、沙地上甚至水中进行，这体现了排球运动形式多样性的特点。同时，参加排球运动的人数可多可少，不同年龄、不同性别、不同训练程度和水平的人都可以参加，这体现了广泛的群众性的特点。

（2）激烈的对抗性和高度的安全性。排球比赛中双方的攻防转换始终是在激烈对抗中进行的，特别是在新的排球规则（即每球得分制）下，失球即失分。从发球开始，传、扣、防每一环节都充满激烈的对抗，因而体现了排球运动的激烈的对抗性特点。但排球运动的这种激烈的对抗性，有别于其他有直接身体接触的运动项目。在排球比赛中，双方隔着一道网，没有直接的身体接触，即使再激烈的对抗，球员也是安全的，这又体现了排球运动高度的安全性的特点，故称排球运动是一项激烈却又文雅的运动。

（3）技术的全面性和攻防的两重性。由于排球比赛中球路运行的多变性，球员要尽可能全面掌握排球的各种技术，如发球、传球、扣球及拦网等技术。在高水平的排球比赛中，即使是二传球员，也要掌握扣球技术，这样才能立于不败之地，这就是排球运动技术的全面性特点。排球比赛中每个环节都可能得分或失分，运动员在完成各项技术动作时，要攻中有防、防中有攻，相互转化、相互制约，体现出攻防的两重性。

① 杨萍．排球运动发展与训练模式探析［J］．当代体育科技，2021，11（24）：45-47.

（4）高度的个人技巧性和严密的集体性。运动员在比赛时每一个动作的细小变化，都会引起排球速度、旋转、落点的改变。如果运动员在比赛时能够熟练运用技巧性的变化，往往能获得意想不到的效果，如被广泛运用的轻扣、时间差、空间差等扣球技巧，这体现了排球运动具有高度的个人技巧性。排球比赛是由发球、传球、扣球及拦网等一系列的技术动作所构成的，这意味着即使在同一个技术动作中，也需要其他球员进行掩护和协作，如扣球中交叉、双快一游动等战术的实施，所以说，排球比赛具有严密的集体性。

二、排球运动的价值

（一）促进身体健康

锻炼的直接效应是增强体质，健身防病。经常参加排球运动，能够改善人们的身体素质和状况，提高人们适应自然的能力和基本活动能力，还能够提高中枢神经系统的协调性和反应速度，增强人的意志品质。

排球运动需要快速的攻与防，因此要有良好的身体素质作为基础。在参加排球运动时，运动员要集中注意力，身体也要灵活调整，同时要具备较强的反应与应变能力，这不仅有利于提高思维分析能力和观察能力，而且有助于养成及时反应、勤于思考、行事果断的习惯。

1. 对神经系统与运动中枢的影响

人的神经系统是由两大部分组成的，即中枢神经和周围神经系统。它们之间有一个共同的特点，即在遇到一定的刺激的时候，都会发生反应，并将其反馈给大脑，由大脑指挥人体做出各种不同的反应动作。

从这个角度来说，让神经系统多接触一些刺激可以提高人体动作反应能力。换句话说，人在运动的时候就是在接触刺激，运动能够使人们的反应能力得到增强。在生活中经常参加排球运动能预防神经衰弱，有利于身体健康。

2. 对呼吸系统的影响

人在运动时，比不运动时需要更多的氧气，呼吸的频率会加快。同时，一些与呼吸相关的器官（如肺部）会加速运转，以满足身体的需求。具体来说，参加排球运动对人体呼吸功能的影响主要表现在以下两个方面。一方面，进行运动时，人的呼吸的频率会加快，呼吸会变得短而急促。经过长时间锻炼后，运动者即可以发现他们在运动过程中的呼吸是缓慢且深沉的。这是与不常参加体育锻炼的人在排球运动中最大的区别。另一方面，通过一段时间适量、适时的排球运动后，人们会发现自己的呼吸肌逐渐发达、有力、耐久，肺活量也增大了。

3. 对心血管系统的影响

血液在人体中不断地流动，从而形成血液循环。人体的心血管系统由心脏和血管组成，血管作为血液流通的主要渠道，遍布人体全身。心脏是人体的“发动机”，血液之所以能够在血管里流动，还能携带氧气和营养物质供给身体所需，都在于心脏。它能在排球运动过程中，帮助血液将细胞和组织所产生的二氧化碳及代谢产物运送到相应的器官，然后排出体外。

4. 对消化系统的影响

进行排球运动时会消耗大量的糖等能源物质，肝脏的整个“后勤部门”都会被调动起来，使人体机能不断得到锻炼。

5. 对骨骼与肌肉的影响

不管何种运动形式都离不开肌肉的运动。积极参与排球运动，有利于增强肌肉工作能力、提高血液供应量、帮助蛋白质和其他营养成分有效吸收、增强肌纤维，进而使肌肉更加粗壮。

（二）促进心理健康

经常参加排球运动能培养坚强的意志，让人们在遇到挫折时不自暴自弃，避免产生自卑感和挫折感。参加排球运动的双方在不断的对抗和竞争中，进行准确的自我定位，看淡成与败，对提高自信心、激发自我潜力具有非常重要的作用。

排球运动不仅可以提高人们的心理健康水平，而且能消除精神紧张。排球运动促进心理健康的作用主要表现在四个方面：一是排球运动既能调节人的情绪，还能改善人的心理和生理状态；二是排球运动能够缓解大脑疲劳，帮助人们获得更加充沛的精力，有益身体健康；三是排球运动可以激发人的主观积极性、自主性和创造性，有利于培养正确的价值观；四是由于排球运动是一种集体运动形式，所以通过这种竞赛的方式，还可以培养人们的团队合作精神。

除了上述作用，长期参加排球运动对人们心理障碍的预防和治疗也是非常有效果的。人们在日常生活中经常会遇到不同的事与人，在不同的压力下，会产生心理负担，导致心理问题的出现。人们通过适当的排球运动，可以有效地提升心理健康水平。

（三）提高社会适应力

1. 促进正确价值观念的形成

首先，经常参加排球运动可以培养符合时代潮流的价值观。当前，我国正处于经济社会转型期，经济体制深刻变革、社会结构深刻变动、利益格局深刻调整、思想观念深刻变化。排球运动具有不分国界、不分年龄、不分性别及不分职业的特征，任何人都可以公平地参与其中，获得争取胜利的机会。在进行这样一项公平竞争的运动时，人们可以感受到的不仅仅是力量的比拼、速度的抗衡，还有战术和技巧的综合表现，这有利于人们形成正确的价值观念。

其次，经常参加排球运动对提升人们的探索能力、创新思维能力和心理承受能力都有助益。在进行排球运动时，参与者需要面对各种困难和挫折，只有一一排除后，才能获得胜利。在这个不断经历困难、不断实现自我超越的过程中，人们的各项综合能力得以开拓和提升，心理承受能力也随之增强。

最后，经常参加排球运动可以增强人们的规范意识，合理把握和掌控自己的行为和规范。排球运动必须遵循特定的运动规则和一些必要的体育规范，所以人们在参加排球运动时会受到这些规则、规范的约束，由此形成一定的规范意识。

2. 促进个性、协作意识的形成

运动场上，每一名运动员都有自己的位置，并且每个人的分工都不

同。运动员必须同心协力，才有可能取得比赛的胜利。如果人们在实际生活中尽可能多地参加排球运动，在运动中体会这种经团队合作后取得成功的喜悦，那么在今后的学习或者工作中，就会善于主动依靠团队的力量去解决问题，这对于个人来说是大有益处的。

第三节　排球运动竞赛及其欣赏

激烈的体育竞赛不仅能给人们带来感官上的享受，而且可以通过比赛认识朋友，进而增进友谊，还能与朋友分享排球文化等社会文化方面的体验。

一、排球运动竞赛的相关内容

（一）排球运动竞赛的种类

排球运动竞赛种类繁多，在排球赛事开始前，需要进行一系列的准备工作。首先要了解赛事的特点和种类，才能将准备工作做到最佳。不同规模的排球赛事有着不同的竞技目标和竞技方式，根据不同竞赛类型及不同竞赛规模，可将排球运动竞赛大致分为以下十种。

（1）常规赛事中的排球竞赛。在奥运会或者亚运会等国际知名赛事中，排球竞赛是十分常见的体育赛事，在国际赛事中有着很高的期望值。

（2）排球锦标赛。排球锦标赛有着严格的准入门槛，参赛球队及成员要经过层层选拔，只有成绩出色并且符合排球锦标赛要求的参赛成员及球队才有机会参加定期举办的排球锦标赛，选拔的标准和评分体系由举办国家、地区或者排球协会来商定。排球锦标赛的出现对排球运动的发展至关重要，它不仅能够提高竞赛的观赏性、观众的喜爱度，而且能为排球竞技项目输送大量的体育人才，锦标赛赛事也是培养体育后备力量的主要方式。世界杯排球赛、世界排球锦标赛及全国性质的排球锦标赛等是常见的排球锦标赛赛事。

（3）排球联赛。开展排球联赛的主要目的是检验各个球队的训练效果，同时可以根据联赛成绩对球队进行评级和考核。排球联赛通常定期举行，参赛球队多是国内水平较高、成绩较好的球队，世界男排联赛及中国排球联赛等都是排球联赛的代表赛事。

（4）世界杯排球赛。世界杯排球赛和世界排球锦标赛水平相当，都是汇聚了各个国家和地区优秀排球球队的赛事，二者在世界范围内的影响力很大。

（5）排球选拔赛。在参加国际大赛前，一些排球球队需要先进行选拔赛。选拔赛的目的是通过严格的选拔，挑选出排球技术水平较高的球员和球队，代表国家出战国际大赛。

（6）排球邀请赛。相对于专业的排球竞技赛而言，排球邀请赛的参加条件没有那么严苛，往往由主办单位进行挑选，参赛目的主要是互相借鉴经验，或是增加球队之间的交流。

（7）排球检查赛。排球检查赛的开展往往是为了满足检验训练成果的需要，球员或者球队在赛前进行技战术的演练，以便及时发现问题进而改之。

（8）排球大奖赛。目前，世界比较知名的排球大奖赛是世界女排大奖赛，该项赛事会事先为获胜球队准备奖金。排球大奖赛每年都会举办，吸引大批观众前往观看。2018 年国际排联对世界男排联赛、世界女排大奖赛进行了改革，将其整合成为统一的世界（国家）男、女排联赛。

（9）排球友谊赛。排球友谊赛的举办主要是为了增进球队之间的友谊及经验互补，通常情况下，参加排球友谊赛的团体和个人具备一定的友谊基础和学习基础。

（10）排球表演赛。排球表演赛的举办主要是为了进行排球运动的宣传，一些单位或者团体会邀请竞技水平较高的球队来当地进行排球表演赛。排球表演赛也有相应的竞赛规则，但是不会设置名次和奖金，为了增加竞赛观赏性，有时会邀请非专业选手参加。

（二）排球运动竞赛的形式

（1）奥运会参赛项目中的竞技排球项目主要以 6 人制排球和沙滩排球为主。竞技排球项目传播途径广、影响大，经常出现在国内比较大型的赛事中。竞技排球赛事的准备工作、人员安排及使用设施有非常严格的要求，为了保证排球赛事的正常开展，往往会对竞赛规则及场地安全做出明确规定。

（2）以健身为主的娱乐排球。娱乐排球主要是为了健身和娱乐，因此对参加人数、赛事规则及举办情况没有特殊要求。娱乐排球可以根据不同的场地情况及人员情况对竞赛规则做出调整，如室内排球、沙滩排球、4人制软式排球等。

（三）排球运动竞赛的组织

1. 赛前准备

任何一项排球赛事在赛前都要进行细致的准备工作并做好具体的工作分工，这样才能保证排球赛事的顺利进行。赛事组织机构是确保赛事正常开展和进行的关键部门，赛事规则和赛事流程由组织委员会制订和部署。

（1）设立排球赛事组织委员会。排球赛事组织委员会（以下简称组委会）的设立条件要满足赛事安排的相关依据和法规，组委会根据参赛规则和参赛流程制订相关组织机构，如仲裁机构、裁判机构、宣传机构等，工作人员在组委会统一部署下，严格执行自己的分内工作。为了保证赛事的流畅性与完整性，通常需要设立以下八种组织机构。

① 排球赛事组委会。排球赛事组委会由主任和委员组成，通常为主任1名，副主任1~2名，委员若干名。排球竞赛的参赛名额、竞赛规则及赛事流程制订等内容由组委会负责。组委会的主要职责如下。

· 参与竞赛计划的制订和执行工作。

· 参与设计排球赛事的参赛时间、场地规划、日程介绍、设备准备及赛事经费等事项。

· 对下达的指令进行审查和研究。

· 参与竞赛期间特殊事项的应对方案的处理环节，并且进行赛后的经验总结。

· 组委会负责组建裁判组。

② 仲裁委员会。仲裁委员会的具体工作职责及其内容如下。

· 监督排球赛事的准备工作，以及指出和帮助解决赛事过程中出现的问题。

· 对参赛过程中出现的违规现象做出警告和判罚，尤其是对故意违反比赛规则的行为更会严肃处理，不管是球员、教练员、球队还是裁判组，一旦触犯原则性问题，都应当提出判罚，必要的时候终止竞赛进行处理。

· 对参赛球队之间出现的争议球的处理给出判罚依据和指导依据，帮助赛事顺利开展。

③ 宣传处。宣传处的具体工作职责及其内容如下。

· 参与赛事的宣传和介绍，进行参赛场地的布置和人员疏导工作，并且设定赛事主题。

· 对于开展赛事的目的及教育意义进行有效宣传和介绍。

· 将赛事信息发布在互联网平台及报刊等媒体资源上进行宣传。

· 妥善撰写赛事开办演讲稿及宣传标语，重点审核赛事过程中嘉宾的讲话内容。

④ 裁判委员会。裁判委员会的主要职责如下。

· 对裁判员的判罚标准及赛事原则进行阐述和学习，帮助裁判员更好地理解赛事主题思想，促进裁判员之间的交流合作。

· 帮助记录人员熟练操作机器设备，保证赛事成绩的准确率。

⑤ 办公室。办公室的具体工作职责及内容如下。

· 参与制订赛事活动方案，参与赛事行程的制订和实施。

· 有效促进各部门之间的合作协调，帮助赛事工作圆满进行。

· 充分做好后勤保障工作及联系接待工作，保证竞赛期间流程的有序进行。

⑥ 竞赛处。竞赛处的具体工作职责及其内容如下。

· 对参赛球队的参赛资格进行审查，根据参赛顺序进行铭牌的印制和发放，帮助各个参赛球队有序进场进行准备工作。

· 将赛程信息下发到每名参赛球队手中。

· 参与竞赛成绩的编写和公布。

· 进行体育器材及场地环境的检查工作。

· 采购竞赛奖品及各种竞赛相关物品。

· 对竞赛过程进行检查，做好赛事衔接工作。

⑦ 保卫处。保卫处的具体工作职责及其内容如下。

· 参与制订赛事安全准备工作，保证竞赛期间的安全事项。

· 绘制赛事期间车辆行驶路线，规划停车区域，及时做好人员疏散工作，同时对消防准备工作做出具体安排。

·维护赛事期间治安状况，制订安全预案，保证赛事有序进行。

⑧ 总务部门。总务部门的具体工作职责及其内容如下。

·制订后勤保障计划，对后勤补给、医疗等物资进行供给。

·参与制订赛事财务预算，做好账目统计工作，根据赛事预算合理控制和协调赛事规模，切实发挥好人力、物力和财力的统筹作用，最大限度地节约成本。

（2）确定组织方案。组委会负责赛事活动准备方案的制订和实施，包括竞赛规模、参赛水平及承办单位等信息，同时细致地规定赛事的准备预案及财务预算，本着实事求是的原则对体育赛事做出应对方案。排球竞赛确定组织方案具有以下四点内容。

① 确定竞赛目标、竞赛任务、竞赛名称、主办单位、承办单位（或协办单位）。

② 确定竞赛的组织机构。根据工作需要确定组织机构，包括组织形式和人员安排。

③ 确定竞赛组织步骤。将步骤列出，并给出相应的完成时间表。

④ 编制竞赛经费预算。应根据主办方经济实力制订相应的经费预算。一般由学校组织的排球运动竞赛所需的经费包括场地器材费、工作人员津贴、裁判员酬金、赛事奖金（奖品）、宣传费、文印费及通信费等。

（3）制订竞赛规程。规章规范是体育赛事参与人员务必遵守的规章制度，也是开展体育赛事所必须具备的条件基础。针对排球竞赛的开展，首先要进行规程的制订工作，规程中包括竞赛目的及竞赛流程的详细阐述。为了保证竞赛能够正常有序地进行，每名参赛选手和球队都要依据规程进行参赛报名。竞赛规程制订后，要第一时间下发给相关竞赛参与人员，以求其能尽快知悉和执行。竞赛规程的制订要简洁明了，主要包括如下内容。

① 赛事主题名称。

② 赛事主要目的和赛程安排。

③ 赛事主办单位介绍。

④ 根据不同的参赛球队对应不同的参赛组别，以便赛事有序进行。

⑤ 公布赛事规则制度，以及赛事时间和地点安排，安排场地一定要综合考虑可能影响竞赛效果的相关因素。

⑥ 制订参赛选手名额限制，制订参赛球队报名手册，介绍赛事医护情

况，帮助教练员和球员做出相应的准备工作。

⑦ 详细规定排球竞赛中的预赛及决赛制度，制订竞赛获胜名次的安排规定，明确制订竞赛成绩的公布原则。

⑧ 详细规定各项奖励制度，包含团体和个人不同的奖励标准。

⑨ 详细约定和公布涉及竞赛先后顺序的抽签环节。

⑩ 对于可能出现的特殊情况做出详细介绍和阐述。

⑪ 其他与排球赛事相关的信息。

（4）竞赛日程编排。比赛日程需要详细编排，并且及时公布给相关责任人。竞赛日程的合理规范决定了赛事的完整度，也影响着观众的观赛情绪。同时要明确规定赛事工作人员的准备工作和工作环节，以确保竞赛能够正常有序地进行。

（5）物资准备工作。为了保证赛事能够有序进行，需要进行必要的物资准备，主要包括以下三点。

① 赛事的奖品、开幕式及闭幕式的预算开支。

② 筹集经费工作。

③ 准备好赛事需要的体育器材及场地布置。

（6）裁判员学习准备工作。为确保竞赛公正，在赛事准备阶段就要进行裁判员的学习工作，主要帮助裁判员熟悉并掌握竞赛规则，使裁判员之间能够进行有效交流。要想让裁判员在最短时间内掌握必要的信息，需要注意以下三点。

① 裁判员思想意识的教育，帮助裁判员建立公平机制，确保竞赛结果的公平性；裁判员的判罚一定要遵循严肃、认真及公正准确的判罚原则。

② 熟悉赛事规则流程，领悟参赛原则。

③ 分门别类地处理裁判员学习工作，保证学习效率的有序提升。

（7）领队及教练员的会议。领队及教练员会议的开展对参赛球队及时了解竞赛规则及竞赛制度有很大帮助，一般由组委会规定与会人员，即由组委会发出会议通知，邀请参赛球队和裁判组参加。会议通常在赛前和赛后各召开一次，赛前召开的会议主要有以下五点内容。

① 详细介绍竞赛规则及各个准备环节需要注意的事项。

② 介绍赛事主要领导成员及工作职责，帮助参赛球队及球员熟悉赛程安排。

③ 介绍竞赛日期及场地安排等。

④ 确定各个参赛球队的竞赛顺序，通常都是通过抽签来完成的。

⑤ 认真总结和解决参赛球队及其他参与人员提出的问题。

（8）进行全面检查工作。竞赛组委会或者组织者要针对竞赛过程中可能发生的事项做好应对准备，对于竞赛场地的布置及竞赛器具的选取要格外注意，务必做到事无巨细，检查到位。同时安排各个参赛球队提前适应竞赛场地及介绍休息场所等。

2. 赛间管理

赛间管理工作贯穿于竞赛始终，工作人员需要在开幕式前做好准备工作，一直到闭幕式结束都要积极参与其中。赛间工作的有序开展是确保竞赛能够有序进行的关键因素，也是竞赛准备工作的重中之重。赛间管理工作主要针对竞赛活动和非竞赛活动。

（1）竞赛活动的管理工作。竞赛期间，工作人员需要对竞赛器具及场地安全做好保障工作，避免因为工作不当而对竞赛造成恶劣影响。针对影响竞赛正常进行的问题要及时采取相应补救措施，确保竞赛正常开展。针对排球竞赛的赛制特点，规定各个组织机构的具体工作如下。

① 竞赛组。竞赛组成员通过领队会议对竞赛进程进行通报和学习，及时做出调整预案。如果遇到特殊原因导致竞赛被迫中断，那么应当快速实施补救方案，及时记录当场次所有球队取得的成绩，以备重新开赛时使用。如果遇到球迷骚动及错误判罚等情况，竞赛组应当及时实施解决方案。

② 裁判组。公平、公正的竞赛判罚是影响竞赛观赏性的重要环节，为了保证竞赛的公平性，裁判组一定要秉承准确判罚、标准吹哨的行业原则来进行竞赛判罚，不能出现影响参赛球员的行为，严格杜绝黑哨行为。对此，裁判组应当及时关注并重点审查裁判员的判罚情况和记录员的记录情况，对可能出现的问题及时给予评价及纠正。

裁判员的准确判罚对于体育赛事的有序开展起到决定性作用，赛事期间不仅要让裁判员进行规则学习，同时要对裁判员进行思想教育，帮助裁判员建立正确的体育文化价值观。

③ 场地组。场地组的主要职责是对竞赛场地的管理与维护，在赛前重点检查竞赛器材，避免由于设备原因造成运动员的身体损伤，同时要严格按照赛程安排进行竞赛管理，维护好竞赛秩序，创建正常有序的竞赛环

境。

④ 竞赛处。竞赛处主要负责特殊情况的处理和管理，如遇到参赛场地和时间变更事项，要及时实施应对方案，对解决结果进行有效通知等。

⑤ 仲裁组。仲裁组的主要职责是处理和应对竞赛期间出现的争议判罚或者其他影响竞赛结果的行为，协调处理竞赛期间发生的纠纷，保证竞赛的公平性和连续性。

（2）非竞赛活动的管理工作。对一些非竞赛活动进行管理也是非常必要的，因为在排球竞赛期间，非竞赛活动部门的工作部署会直接影响竞赛的正常有序进行。为此，非竞赛活动的管理工作主要有以下两个方面。

① 赛场观众的管理。观众作为排球赛事参与者的一部分，其行为同样会影响竞赛的正常有序进行，为此需要在赛前对观众进行督导，帮助观众树立文明观赛的意识。对于可能出现的观众扰乱赛场秩序等行为及时实施应对方案。如果是一些大型的竞赛现场，还需要对观众的进场和离场秩序做出相应的管理规范。

② 赛事开幕式和闭幕式的管理。开幕式和闭幕式的开展要呼应排球赛事的活动主题，营造积极向上的活动氛围，这样有利于排球运动的宣传，增强排球运动员的集体荣誉感。

3. 赛后工作

赛后工作主要包括以下八项内容。

（1）记录竞赛成绩，绘制获奖名单，颁发获奖礼品。

（2）下发各个项目竞赛成绩单及评分细则。

（3）组委会针对闭幕式的展开做指导工作，并宣布竞赛结果和获奖名单。

（4）总结赛事取得的积极成果及宝贵经验。

（5）明确记录和汇总竞赛期间涉及的财务支出和收入。

（6）检查竞赛器具是否完好无损，如有破损，及时上报整理，清理竞赛场地，并将竞赛成绩打印成册。

（7）妥善处理好各个球队及球员的离场工作。

（8）组委会针对竞赛活动的圆满结束做活动报告，并根据参赛球队的表现做出肯定和表扬，为下一次举办排球赛事做好准备工作。

二、排球运动竞赛的观看及欣赏

排球运动可以让运动员展现出优良的精神品质，如顽强拼搏、团结向上等。一些比较知名的排球运动员加入竞赛，会让观众关注这场竞赛的期望高涨。在整个竞赛过程中，不仅仅是竞赛场上的形势变化，竞赛的结果等也很难让人忘记，这就是排球运动最大的魅力，也是它的价值所在。

（一）排球运动竞赛观看的准备

1. 了解排球竞赛规则

观众在观看排球竞赛时，若不了解复杂的规则，在整个过程中就会感到迷茫和无聊，因此在赛前，应该首先了解排球运动的一些规则。通常情况下，竞赛规则是严格规定的，但是在一些特殊的情况下（不是为了选拔和竞赛，仅仅是为了友好交流），规则是可以有一定变化的。

观众可以通过多种渠道来了解排球竞赛规则。例如，在竞赛开始前，主办方会通过各种媒体、公告等方式将竞赛规则的细节发布给观众，重点关注这些信息，有利于了解竞赛规则。

2. 了解运动员的技术与战术风格

如果一些球迷热衷于观看某一支球队，他们不但会详细了解竞赛的规则，更会对整支竞赛队伍有一定了解，这种情况下，他们观赏竞赛的体验感就会大大增加。因此，一名普通的排球爱好者第一次观看竞赛时，应该对竞赛双方队伍的风格和技术及他们通常使用的战术有一个相对详细的了解，这样可以帮助其提前预判竞赛双方的一些套路和接下来要做的事情，进而对竞赛过程反复印证，在观看排球竞赛时，提升参与感。

3. 赛前提早入场对号就座

观众在观看排球竞赛时，一定要提前进入赛场，去感受赛场氛围，这是一种很特殊的体验。在竞赛开始之前，观众做好情绪酝酿并提前适应竞赛节奏，这会使其能够更好地观看竞赛。

（二）排球运动竞赛欣赏的内容

1. 欣赏运动员的赛场表现

（1）观众对运动员的欣赏。观众最先直观感受到的就是运动员的身体状态，这也是判断运动员状态的基础，大概分为以下四个方面。

① 运动员要有强壮的身体。例如，运动员的肌肉要强壮，身体应该充满活力。

② 运动员在竞赛中所体现出的基本体育素质。例如，身体对力量、速度等不同属性做出的调配所能表现出来的状态。

③ 形体。形体也就是运动员的身体外形，这是观众最能直观感受到的，也是其可以直接欣赏的内容。

④ 运动员的基本内在素质。运动员在赛场上的仪态表现和处理问题的能力等，都是运动员的基本内在素质的综合体现。

（2）运动员在赛场上的表现。其集中体现在以下三个方面。

① 动作上。在运动过程中，每名运动员都是动起来的，因此，在竞赛中，运动员的动作是观众欣赏的重点。

② 技术上。在竞赛过程中，运动员对竞赛情况所做出的判断、应对的动作、与队友的配合等一些技术上的问题，都是对运动员的考验。

③ 战术上。如何在竞赛过程中与其他运动员相互配合，共同战胜对手，这是竞赛中的重点。

2. 欣赏教练员的临场指挥

教练员的水平主要是通过在赛前对球队的阵形布置来体现的。一个好的阵形可以帮助整个球队在竞赛过程中发挥出最大的战斗力，阵形不是固定不变的，而是通过对情况的判断和对不同对手的分析随时调整的。阵形可以使观众发现各个球队的实力、战斗风格及战术意图等，这是教练员素质的综合体现。

大部分情况下，如果教练员的水平比较高，就能合理地运用自己的能力来取得竞赛的胜利，而不是要求球员做一些力所不能及的事情。教练员的临场指挥对排球竞赛的胜负起着十分重要的作用。教练员临场指挥能力更是教练员执教水平的一个重要表现。排球竞赛中，换人是教练员常用的指挥方法之一，这最能彰显教练员的临场指挥能力。

竞赛中的换人情况主要有以下六种。

(1)场上球员体力下降时，通过换人保证原有的攻守能力。

(2)竞赛双方处于胶着状态时，利用换人调整打法，以图打破平衡。

(3)比分突变时，实施换人孤注一掷或力求保持比分。

(4)一方换人后，另一方采取相应对策换人。

(5)突然出现伤员时。

(6)领先方在竞赛最后阶段换人，以拖延竞赛时间。

排球竞赛中，欣赏教练员的临场指挥水平，也是一种艺术的享受。

3. 欣赏裁判员的公正裁判

裁判员的判罚水平达到竞赛的标准也是排球运动竞赛欣赏的内容之一。裁判员的判断是否合乎竞赛规则，直接影响竞赛能否顺利完成，并决定双方队伍的技术和战术能否完整发挥出来。如果裁判员的判罚合乎规则，竞赛气氛会更好，竞赛双方更能够互相理解、互相尊重，这种情况下，球员往往能发挥出更好的竞技水平。

因此，在竞赛中，裁判员的判罚是否公正也是决定观众观看体验是否良好的重要因素。裁判员要果断、准确、手势清晰、语言简洁，令观众心服口服，对于一些特殊的情况也要及时地处理，这样才不会影响竞赛的正常进行。

（三）排球运动竞赛遵守的礼仪

作为一名观众，在观看竞赛时，应该遵守以下规则和礼仪。

(1) 观众的基本素养。观众要遵守规则和纪律，自觉维护场地的卫生，为整个竞赛的良好氛围做出贡献。

(2) 在竞赛中要欣赏运动员的竞技精神，不应该因为竞赛的输赢影响自己对竞赛的判断和观赏竞赛的心态。

(3) 因为观看竞赛的人数较多，有可能会出现一些突发事件和不安全情况，在这种情况下，观众要听从赛场工作人员的安排。

(4) 文明观赛，在观赛过程中，不要因为自身情绪变化而做出一些过激行为。

第四节　排球文化及其传承发展

排球运动能够一定程度地反映人类的智慧，排球运动战术的运用、规则的制订等能够反映人们的思想与知识管理体系。

一、排球文化的特性

（一）传承性

排球运动于19世纪末问世，在发展初期，它只是一项娱乐游戏，而后渐渐成为一种竞技对抗性运动。如今，全世界已有上百个国家开展排球运动。在文化融合过程中，排球运动的自身价值被人们所接受。在历史发展轨迹中，排球运动所继承的精神与发展价值为其带来了永恒的生命力。

（二）时代性

排球运动作为一种社会实践活动和一种特殊的文化现象，会随着社会与经济水平发展而发生变化。所以，对排球文化的审视角度应当从社会经济与文化发展的时代性出发。

（1）排球运动始于1895年。当时，网球、篮球很盛行，但是篮球运动太激烈而网球运动量又太小，人们寻求一种运动量适中，又富于趣味性，男女老少都能参加的室内娱乐性项目，因而发明了排球游戏。

（2）20世纪中叶，排球运动开始向全球扩展，大工业与大机器的生产方式对排球运动的发展有较大的促进作用，推动其产生理论系统化的指导思想、多样化的实施手段和规范化的组织管理，产生竞技的制度与规则，使排球运动进入竞技排球时代。

（3）20世纪80年代以来，科学技术的不断发展带来了强大的生产力，在市场经济条件下，出现了全攻全守的排球战术，这是排球运动走向市场化运作的基础。竞技排球和娱乐排球共存、相互关联、依托，推动排球运动进入现代排球时代。

（三）民族性

文化有根植于本民族发展的特点，并在其影响下形成与发展。文化在自身的传承与发展过程中，不断地受到外来文化的影响而产生相应的变化。世界上规模最大、人员参与最广泛的单项运动协会就是国际排联。在不同地区、不同文化和极具差异的地理环境等因素影响下，国际排联会员的体能与身体素质或对技术的认识与发展都有一定的差异。因此，在排球打法与风格上也存在诸多差异。

排球运动在发展过程中出现了众多流派，如“高度排球”“技巧排球”“力量排球”等。在发展初期，各种流派属于互相竞争关系，而到了发展后期，各流派共存互补，在对彼此战术的借鉴中，既保留自身技术的精华，又逐渐相互融合，形成“全攻全守排球”。

二、排球文化的社会作用

排球文化的社会作用主要有以下三个方面。

（一）满足运动需求

科学技术的不断进步，使得网络和计算机为人们日常的生活和工作带来了很多的便利。网络使人们不受空间和时间的限制，相互之间的沟通更加便捷。人们喜欢通过网络来和外界沟通协作，这也导致人与人直面交流的机会减少。为此，适当的体育运动可以帮助人们舒缓心情，活动筋骨，而排球运动就是一项非常合适的体育运动，不需要身体接触就能实现锻炼身体的目的，也符合现代人的生活方式。

（二）追求公平竞争

现代社会，每个人都面临着各种挑战和竞争，这使得人们的竞争能力和竞争意识都空前高涨，而公平公正的竞争环境也是现代社会发展的重要动力。从客观角度来看，排球运动的攻防对抗既符合体育道德精神，又体现出体育的公平合理性，想要获得胜利，必须在规则要求下，发挥自己的智慧和技巧；从微观角度来看，在规则要求下，每一名球员都要进行从 1

号位到6号位的轮换，每名球员都要掌握不同位置的技巧，并在每一个位置发挥自己的作用，每名球员所面临的竞争和挑战都是相同的，也就是说，排球竞赛让每名球员的竞争机会更加平等，也使其具备更好的灵活性和更强的应变能力。

（三）张扬内心个性

从形式上看，排球运动虽然是一项集体活动，但是个人技巧和智慧却在取胜过程中发挥了重要作用。只有每名球员都充分发挥自己的优势和特长，才能取得排球竞赛的最后胜利。当然，球员之间配合的默契程度也是非常重要的。在比赛中，球员会面对各种突发情况，这就需要球员具备一定的应变能力和判断能力，在实际竞赛中，选择最为有效的个人战术。

排球运动能够充分激发球员的个性，展现球员的人格独立性，并在运动中充分发挥个人优势，为争取胜利创造条件，而且有利于球员的个性化发展，使球员的个性得以张扬，体现了健康、向上的体育精神。同时，排球运动有利于形成拼搏向上的人格魅力，形成果断的判断能力和决策能力。所以，排球运动不但有利于体现出人们的个性张扬的需求，同时能让人们获得更好的人格塑造，并受到更好的文化熏陶。

三、排球运动与全民健身的融合

（一）排球运动在全民健身中的群众基础优势

排球运动由于本身的特点及价值而逐渐成为一项全民运动。排球运动传入中国后，深受广大群众的喜爱，很快便成为一项全民运动。其广泛的群众基础及给人们带来的积极影响，使排球运动逐渐被国家体育总局所重视，并成为一项竞技运动，不仅带动了体育运动的全面发展，而且提高了社会各界人士参与体育运动的热情。

（二）排球运动在全民健身中的普及与推广优势

当今社会，人们的生活方式有了非常大的转变，体育运动不仅仅是运动员的专利，也成为普通人生活中的重要组成部分。对于上班族来说，体育运动是一种休息活动，是解除疲劳、缓解工作压力、锻炼身体的首选。另外，体育锻炼还能够丰富业余生活，不仅可以结交志同道合的朋友，还能够更好地陶冶身心。

体育运动具有多重价值，越来越多的人认识到体育运动的优点，开始加入体育健身行列，但多数的竞技性体育运动受场地制约较大，因此人们无法长期坚持。虽然排球运动并未完全脱离场地和设施，但是与其他运动相比，排球运动的开展更为简单，通常只需要一个球、一个人就可以开展自抛、自垫等运动，不像足球、篮球等需要很多人。排球运动形式可分为无排球场地和有排球场地两种：无排球场地是三五人围成一个圆圈，然后进行对打对垫；有排球场地的可以直接进行比赛。

近年来，为了适应人们健身的需求，排球运动逐渐流行起来。其中，软式排球凭借重量较轻、易于击打，不会轻易造成手臂受伤或疼痛等优势而被青少年和老年人青睐，从而出现了老、中、青三代人共同参与排球运动的场景，使人们的家庭幸福感得到提升。

（三）排球运动在全民健身中健康身心的动态优势

作为一项集合了对抗性、技巧性及集体性的体育运动，排球运动能够有效地提高运动者的身体素质和运动技能，对拥有健康体魄与保持身体健康起到积极作用。另外，排球运动不仅能够强身健体，而且能够磨炼人们的意志和品质，培养良好的心理素质及勇敢果断的集体主义精神。

四、排球运动对体育文化的传承与发展

排球运动是一项深受大众喜爱的体育运动，在世界上具有较大的影响力。排球运动不仅在我国有着较长的发展历史，同时促进了体育文化的传承与发展，主要体现在以下两个方面。

（一）排球运动中民族精神的传承

现如今，世界各国展现本国影响力的最重要的手段就是通过竞技体育比赛。在这些竞技体育项目中，排球运动的地位是不可忽视的，它既能体现出一定的团队合作精神，又能体现出一个民族的精神风貌。球队代表了

国家形象，球员的使命感也更加强烈，他们的言行举止代表着国家的尊严和民族精神，是国家荣誉的承载体。

“永不言败”蕴含的是自强不息的中华民族精神和挑战极限、追求卓越的体育精神，体现的是敢于争先、勇于获胜的执着信念和敢打敢拼、不到最后一刻决不放弃的坚定意志。用中国女排原总教练郎平的话来讲，就是“一路虽走得摇摇晃晃，但站起来抖抖身上的尘土，依旧眼中坚定”。女排精神的演进过程正是一部永不言败的奋斗史。纵观中国女排征战世界大赛的历史，既有过辉煌，也有过低谷，但不变的是永不言败。从 1981 年首次夺得世界冠军到 1986 年成为世界女子排球历史上第一支五连冠队伍，中国女排仅仅用了 6 年时间。然而，之后的 17 年间却与世界冠军无缘。2003 年重夺女排世界杯冠军、2004 年站上雅典奥运会最高领奖台获得短暂辉煌后，中国女排又进入了由多种客观因素导致的“阵痛期”。2008 年未能在北京奥运会卫冕，2012 年伦敦奥运会上无缘四强，中国女排再度步入低迷期。但几代女排人始终默默坚守，不气馁，不言败，不断摸索，努力突破瓶颈。无数的痛苦和挫折从未击倒过中国女排，反而成为中国女排崛起并称雄世界排坛，重现辉煌的催化剂，这让越处逆境越不放弃的女排精神更显弥足珍贵。

历经几代人的传承滚炼，新时代的中国女排焕发出“祖国至上、团结协作、顽强拼搏、永不言败”的精神风貌，既有一以贯之的祖国情怀，更有不断创新的时代内涵；既体现了中华民族的精神基因，也践行了现代体育的精神内蕴。正是因为有“为中华崛起而奋斗”的使命感在身，中国女排不断谱写时代壮歌，彰显了女排精神的时代意义，形成了凝心聚力的巨大精神力量。“女排精神”凝结着追赶、变革、创新的价值目标，它所凝聚的精神力量，不论是 20 世纪 80 年代，还是当下，从未改变。

综上所述，中国“女排精神”的基本构成要素可以归纳为：爱国主义是中国“女排精神”的核心与灵魂；精诚团结是中国“女排精神”的成功基石；自强不息是中国“女排精神”的永恒追求；顽强拼搏是中国“女排精神”的力量源泉；自主创新是中国“女排精神”的无限动力。这五个要素彼此联系、浑然一体，构成了中国“女排精神”的丰富内涵。至此，“女排精神”在新时期无论是在内涵还是在外延都有了很大的变化，它向着创新、高科技、国际化等方面发展。“女排精神”不仅有了更丰富的内涵，而且让奥林匹克精神中的“更强”有了更贴切的诠释。“女排精神”

已经超越体育精神，并对社会各领域产生了重要影响。“女排精神”同其他民族精神、时代精神一样，成为实现中华民族伟大复兴的中国梦的历史征程中的精神助力之一。

（二）促进校园体育文化的发展

校园体育文化的导向功能较为突出，促使学生更加关注体育的发展状况，并积极参与到各种体育运动中。学校体育基础设施的完善和各种体育运动的频繁开展，都深刻地影响着校园体育文化的形成，为其发展注入了强大的动力。排球运动一直获得很多青少年的青睐，这极大地推动了校园体育文化的形成。良好的凝聚力和向心力是学生体育价值观的集中体现，校园体育文化的形成和发展也离不开学生的积极参与和努力拼搏。

目前，国内的排球运动基本上趋于成熟化，普及到各个行业和领域，学校体育教学也将排球运动作为一项必要的教学项目。尽管现在的学校体育教学中存在各种类型的体育活动教学，但是这都无法动摇排球运动在学校体育教学中的重要地位，这对我国体育文化事业的发展和壮大也起到了非常重要的推动作用。

1. 丰富校园文化内涵

体育文化作为文化的一部分，对人类社会发展具有较大的推动作用，它既参与社会文化的交流及演进，又独具发展规律。校园体育文化是体育文化的重要组成部分，在校园生活中扮演着重要角色。和谐的、健康的体育文化环境有益于学生的身心健康。排球文化作为校园体育文化的重要组成部分，也发挥着活跃校园文化氛围、促进校园文化发展、提高全民素质等文化功能。

排球文化作为校园体育文化的重要组成部分，既有体育文化的共性，又有独特的文化个性；既能加强体育锻炼，提高学生身体素质，又能满足学生的精神文化追求；既体现了观赏性，又体现了参与性。正因如此，排球运动迎合了学生需求，形成了一定的文化影响力，成为备受青睐的校园体育运动项目，同时是校园文化建设的重要内容。作为校园文化的组成部分，排球文化在构建和谐校园的实践中扮演着重要角色，发挥着促进校园精神文明建设、提高学生健康水平、构建校园文化氛围、丰富体育文化内涵等一系列重要作用。

2. 提升学生综合素质

和谐的校园体育文化是学校精神文明建设的重要组成部分，在校园生活中的地位不容小觑。当代学生体育锻炼意识薄弱，锻炼兴趣不高，且极易受到所处环境影响，因此，需要健康的、和谐的校园体育文化去充实他们的生活。为此，如何建构有效的和谐校园文化氛围值得深思。

随着时间的推移，排球运动不仅仅是一种竞技体育项目，更是一种体育文化现象。这一飞跃性的变革使得其成为国内最具影响力和号召力的体育运动项目之一。在排球运动不断丰富人们物质生活和精神生活的同时，排球文化慢慢地成为我国校园文化的特色。

从学生层面看，和谐的校园排球文化对于陶冶情操、提高思想素质、激发进取精神、促进学生全面发展具有重要意义；从学校层面看，校园排球文化的存在和发展对于校园体育文化建设、校园体育场馆设施建设、体育人才培养、学校声誉提升等具有重要意义。因此，要让更多的学生参与到排球运动中，夯实体育强国、健康中国和教育强国建设的基石。

第二章 多维排球运动

第一节 气排球运动

“气排球运动是由我国首创的一种排球运动衍生项目。”① 气排球运动是我国土生土长的一项群众性排球运动。20 世纪 80 年代，气排球运动由我国的铁路职工发明，是真正意义上的“中国球”。

气排球运动是一项集运动、休闲、娱乐于一体的群众性体育运动，是由 6 人制排球延伸出来的一项新的体育运动，如今受到越来越多人的喜欢。气排球具有较大的体积、较高的反弹力、较慢的飞行速度及较轻的球体质量等特点，因此其安全性和灵活性也大大增强。

一、气排球运动的技术分析

（一）准备姿势

（1）半蹲准备姿势。两脚分开，稍微比肩宽站立，并保持一脚略微向前，脚尖稍稍朝内收，膝盖弯曲，脚跟稍稍提起，并置双手于腹前位置，膝盖在前，脚尖在后，两臂自然放松弯曲。全身肌肉要一定程度地收紧，不过切勿太过绷紧。眼睛关注球的飞行轨迹，并随时准备脚上动作。

---

① 喻绍慧 . 我国气排球运动的发展及研究现状考察分析［J］. 通化师范学院学报，2013, 34（6）:119-121.

（2）稍蹲准备姿势。和半蹲准备姿势相比，稍蹲准备姿势的身体重心更为向前，其他姿势无太大区别。根据气排球运动的要求和特征，稍蹲准备姿势更适用于气排球运动。

（二）发　球

（1）正面下手发球。球员正对着球网，两脚一前一后站立，如果用右手击球，左脚应该在前，膝盖略微弯曲，身体向前倾斜，后脚跟受力。左手在身体右前方将球抛出，距离手高度的20~30 cm，右臂伸出，并向后方摆动，随时做好抛球准备。托球的部位是整个手掌，位置在腹前右下方。当球触碰到手掌时，手指自然张开，手掌呈勺形，击球后，身体重心前移，然后快速回到场地。

（2）侧面下手发球。若球员采取右手击球的方式，应该保持左肩正对球网，两脚分开，稍宽于肩站立，膝盖略微弯曲，身体前倾，身体重心放在两脚之间。左手将球平稳上抛于胸前，距身体约一臂远，球距离手高度也约一臂远，这样将球抛出时，就能快速地摆动右臂，并顺着右脚蹬地的惯性将身体向左转动，将力量随之向上方移动，击球的最佳位置在腹前，并采用全手掌接球，然后快速回到场地。

（3）正面上手发球。若球员采取右手击球的方式，要正对着球网，并以左脚在前的姿势两脚分开站立，左手托球于身前。用抬臂和手掌的平托上送，将球平稳垂直地抛出，高度适中。同时右臂抬起，屈肘后，应与肩平，身体略微转向右侧，借助蹬地的惯性来击球，并收腹挥臂，将手臂尽量向上伸直，最佳的击球位置就是全手掌接住球的中后部，并将手指稍微弯曲张开，借用手腕的推压力来完成击球，然后快速回到场地。

（4）正面上手飘球。正面上手飘球和正面上手发球的动作要领比较相似，不过飘球的球位更加靠前，也更低，而且手臂挥动的轨迹不呈圆弧形，更加接近于直线。运动员要收拢五指、手腕后仰击球，击球点在球的中下部，并用掌根托住，这样能够直接作用于球体中心，击球的整个过程中保持手形不变，肌肉保持一定的紧张感。气排球的特征在于球体质量不大，因此不需要使用太大的力量击球，防止球过界失分。击完球后，手臂动作要马上停住，然后快速回到场地。

（三）传　球

（1）一传。气排球运动的基础技术之一就是一传，是最为重要的防守和进攻方法。一传的要领有以下三点。

① 一传对手势的要求非常高，初学者常常采用双手捧球的姿势是不对的，这种姿势不符合规范性要求。“插、夹、抬、蹬”是接球手势的四字要诀。

② 准确预测球的落点，并迅速移动到球的正前方位置。接球前，要先将脚跟提起，为快速移动做好准备，这需要进行左右移动步伐的练习，如此才能让移动更加快速和准确。

③ 确保能够接住球而不让球有转变方向的时间，就需要采用上手接球的技术，如此才能调动全队的进攻力量。

（2）二传。进攻中最为重要的环节就是二传。二传的要领有以下四点。

① 在进行传球过程中，首先要做好准备动作，即身体下蹲到半蹲式，腰部稍弯曲，手臂和手指放松。当看到球过来后，要快速地做出反应，用手腕将球弹出，此时手指几乎不需要用力。

② 二传站位应该靠近 2 号位，并站在 5 号位的正对面。若采用背传方式，伸臂送球的动作幅度不宜过大。

③ 对球进行调整后，应该尽快地传给攻手或者主攻手，不要传给 5 号位。一般不建议采取对方的强拦网位进行攻击。

④ 三次球或高网球的情况下，二传球员可以将球直接吊到对方球场。

（四）扣　球

气排球运动的主要进攻得分方式是扣球，扣球是否成功直接关系着比赛的胜负。在气排球比赛中，可以采取以下五种扣球方式。

（1）硬排式强攻。这一扣球技术对身体素质和技术要求都较高，是一种攻击性非常强的扣球方式，一般能够得分。不过若是球的高度不够，也有很大概率会被对方拦住。

（2）单脚快扣。这一扣球技术对速度要求较高，需要球员具备一定的身高才能完成。

（3）近身快球。这一扣球技术和排球扣球技术中的近身快攻比较类似。

（4）轻跳侧身扣。这一扣球技术对球的高度要求不大，不过起跳后球员要将手臂尽量地伸展开来，扣球时，用掌根托住。这种球过网后会快速下沉，所以后排位置比较适合采用这种方法。

（5）压球式扣球。这种扣球技术要有较高的手指甩球技术，而且采用此种扣球技术会使球的飞行速度变得非常缓慢，且难以把握球的飞行轨迹，不易防守。

（五）拦　网

若要成功实现拦网，球员在起跳过程中要将身体重心下沉，身体达到平衡后跳起，身体垂直上下移动来进行拦网，然后身体自然落地。在这个过程中，要保持手臂动作不变，切勿将手臂弯曲，而且在身体落地过程中要避开球网，这样有利于身体的放松。

球员要准确把握拦网起跳的时间，可以依据二传球的速度快慢、距离远近及位置高低等判断起跳时间。除此以外，扣球球员的动作特征也是起跳时间的重要依据。当球位置较高时，拦网起跳时间应该在扣球球员之后；当球速较快时，拦网起跳时间应该比扣球球员要早或者是同时。起跳时，双手要尽可能地靠近球网，并与之在同一个平行面上，甚至要将手臂置于球网上方，这样才有利于使球处在合适的位置，且双手距离应该比球的直径要小。

二、气排球运动的战术分析

（一）发球战术

（1）发球时，要注意加强攻击性。气排球在发球时要尽量地发挥出攻击性，球的运行轨迹以弧度运行较为合适，并要确保球的速度和力量都达到一定的要求，从而使球在空中能够旋转着前进，对对方的防守形成一定的破坏性。

（2）控制落点的发球。其主要包括以下三个要点。

① 准确寻找对方的场区空挡，如球员之间的前区、后区、三角地带及连接区等都有可能是空挡分布的位置，选择空挡位置发球，会使对方组织

进攻的难度加大。

② 球发出后，能够对对方的进攻战术形成一定的破坏性。

③ 刚上场的、精力不集中的、情绪不稳的球员是主要攻击对象，可以加大对方失误和失分的概率。

（3）变化灵活的发球。较好的发球位置包括端线后及距端线 3~4 m 或者 6~7 m 的地方。当然，发球距离会影响球的轻、重、缓、急，以及冲或者飘等性能。

（4）根据比赛的具体情况而采取不同的发球战术。具体来说，有以下两种情况。

① 先发制人的攻击性发球方式比较适用于对方难以得分，或者分数较落后等情况。

② 重点关注发球稳定性适用于对方暂停或者换人后，攻势较弱或者拦网屡次得分的情况，如此才能防止出现不必要的失误而造成失分，并能更好地把握得分机会。

（二）传球战术

1. 一传战术

为了对对方形成攻击战术而使用的方法称为一传的个人战术。由于各种进攻战术对一传的要求不同，所以一传的方向、弧度、速度、落点也不一样。在防守无攻过网情况下，可以采用比较稳定和保守的战术，这样有利于反攻的快速性和准确性。而防守击球战术适用于对方的空挡较大且对方球员未做好准备之时。

2. 二传战术

根据动作的不同、快慢、隐蔽传球及时间差等情况，采取相应的二传动作，有利于达到战术目标。

（1）观察和了解队友的技术水平和战术位置，把握队友的特征，从而采取不同的传球技术。当然，任何一种战术想要发挥最佳作用，都需要从赛场的实际情况出发，合理有效地分配好各项进攻。

（2）分析和观察对方的战术及部署情况，尽量不将球传入拦网强攻区域，找出对方防守较薄弱之处，从而占据局部区域优势。

（3）预测对方的心理变化，采取有效的心理战术破坏对方的防守和进攻战术。

（4）观察和关注临场一传的实际情况，灵活调整各项应对战术。

（三）扣球战术

（1）扣球时避开拦网球员的手。要在扣球时避开拦网球员的手，把握球的运行轨迹变化也是扣球战术的重要前提，可以采取斜线、小斜线或者直接扣球的路线；根据需要采取各种扣球技术，如转弯或者是转体等，加大对方防守的难度；若是对方防守严密，可以伪装主攻扣杀，实际上将球扣入对方的空挡位置；控制扣球时间，灵活运用延后或者提早等战术；扣球时，可以根据实际情况，采用勾手扣球或者正面扣球等方式，增加对方拦网扣球的难度；也可采用旋球的方式，使得对手无法正确判断而失分。

（2）扣球时利用拦网球员的手。若要击出能够引诱对方过界的球，还可以对拦网球员的手做轻扣动作，使其接球的难度增大，或者利用吊球战术，使对方无法接球。

（3）根据临场情况采取的扣球战术。单脚起跳或者原地起跳的方式进行扣球，会给对方的组织拦网增加很大的难度；或者利用对方拦网球员的身高和技术劣势进行攻球，避开对方的优势。同时，扣球要针对特定的点位和人。

（四）拦网战术

拦网具有较大的被动性，隐蔽性战术的运用有利于化被动为主动，点到为止，这样才不会过早地暴露自己的意图，为拦网战术的发挥做好准备。利用空间、时间和动作变化等优势来发挥拦网个人技术，其中利用空间优势是指拦网球员要对空间高度进行控制、对拦阻面进行扩展、对过网路线进行阻击等。对时间的把握主要是对起跳时间进行判断，阻止扣球球员的扣球线路改变。动作变化是采用避实击虚的战术来影响扣球球员，从而扰乱对手的判断。

（五）防守战术

防守时，最重要的是发挥个人防守战术的作用。合理选择位置和击球动作是个人防守战术的主要内容。一名优秀的防守球员能够清楚地意识到对方的进攻意图，并对己方的拦网布防了如指掌，从而做出准确判断，灵活采取各种措施。

（1）准确判断对方二传的落点和方向，从而更快地移动到球的正面方向。

（2）依据对方二传球和网的距离、扣球球员的击球位置等选择前后位置。若是球离网较近导致己方无法有效地进行拦网，需要向前进行有效防守；若是球离网有一定的距离且已经被拦住，防守球员的位置可以稍微向后。

（3）对方扣球球员起跳之后和球的关系，以及助跑线路是选择左右位置最为重要的依据。通常情况下，人和球的延长线处是最好的防守位置。

（4）依据对方球员的特征选择防守行动。

（5）依据对方扣球球员的手法变化和挥臂动作选择防守战术，并快速调整身体重心。

（6）防守要从实际情况出发，配合前排拦网球员进行拦网攻击。

（7）防守要关注场内的比分情况，以此来了解对方扣球球员的心理状况，从而选择更加合适的防守战术。

（8）对队友的动向予以关注，对队友的动作先一步做出预测，这样才能有效防守，积极配合。

（9）防守球员的站位要遵循：以后防为主，防止后防成为空挡处。

第二节　沙滩排球运动

一、沙滩排球运动的特点

（1）沙滩排球运动的场地和环境给人们以美的享受。蓝天、碧水、沙滩、排球共同勾画出一幅绚丽多彩的风景画，身与心的交融，让紧张忙碌的人们一扫疲惫与焦虑，身心压力得到充分释放。

（2）广泛的群众性。沙滩排球运动的场地规模不大及设备简单，比赛规则容易掌握。在沙滩上，人们头顶着蓝天、面朝着碧海、耳听着浪声、脚踩着柔沙，既可比赛亦可玩耍，十分轻松自在。

（3）身体和服装给人美的展示。沙滩排球运动是展示球员体形、体质、肌肉、肤色、击球姿势等的一项运动。与众不同的比赛服装，烘托出球员美丽健硕的身材，让人赏心悦目。

（4）高超的技术和激烈的对抗让人身临其境。根据沙滩排球运动的规则，比赛中球不能落地，球员不得持球、连击。击球时间的短暂、击球空间的多变，决定了进行沙滩排球运动时需要高超的技巧性，双方的攻防转换始终处在激烈的对抗中。球员在场上做出的滚翻、鱼跃、前扑等动作，充分体现了沙滩排球运动技术的精巧、高超、复杂、细腻。越高水平的比赛，对抗就会越激烈，运动越有观赏性。

二、沙滩排球运动的基本规则

沙滩排球运动的比赛规则与排球运动的比赛规则相似，二者的不同之处如下。

（1）每队自始至终只有两名球员参赛，不允许更换。

（2）采用三局两胜制，前两局满分为 21 分，决胜局满分为 15 分。先得 21 分或先得 15 分并同时超出对方 2 分的球队此局胜出。

（3）球员可以站在己方场区的任何位置，发球时没有位置限制。

（4）球员不能张开手指进行吊球，但允许用手指戳或指关节击球。

（5）球员上手传球，球的轨迹必须垂直于双肩连线。

（6）如果在网上双方球员同时击球，允许“持球”，比赛继续进行。

（7）在不妨碍对方比赛的情况下，球员可以进入对方场区和无障碍区。

（8）球员在己方场区的任何位置都可以对任何高度的球进行进攻性击球。

（9）每队必须在 3 次内击球过网，拦网也算 1 次。

（10）每局每队可请求 1 次暂停，请求暂停必须在比赛中止后、裁判员鸣哨允许发球前，并使用相应的手势。每次暂停时间为 30 s，既可单独使用，也可连续使用。双方球员都可向裁判员提出暂停请求。

（11）前两局比赛中，当两队比分相加之和为 21 分时，可进行技术暂停，时间为 30 s。第三局没有技术暂停。

（12）三局两胜制比赛，即前两局比赛中，当两队比分之和为 7 分或 7 分的倍数时，双方交换比赛场区。第三局比赛中两队比分之和为 5 分或 5 分的倍数时，交换比赛场区，每次交换场区后直接比赛，没有休息时间。

（13）球员在比赛过程中受伤，可给予 5 min 的恢复时间，但一局比赛中同一名球员最多给予 2 次恢复时间。球员 5 min 内没有恢复或一局内同一名球员超过 2 次恢复时间，则宣布该队为阵容不完整。

（14）对球队的判罚以局计算，一局比赛中累积计算。每局开始时，重新计算该局的判罚次数。

三、沙滩排球运动的环境特点与实用技术

沙滩排球运动的基本技术与 6 人制排球运动的基本技术一样，都有发球、垫球、传球、扣球、拦网技术，下面着重介绍各项基本技术在沙滩排球比赛中的运用特点及需要注意的问题。

（一）准备姿势和移动

准备姿势和移动是沙滩排球运动中运用最多的两种无球技术，是完成各种技战术的前提和基础。沙滩排球比赛因为场地面积大、人数少，在单人拦网下，只有 1 人防守，因此准备姿势和移动显得尤为重要。

1. 准备姿势

（1）环境特点。沙滩排球比赛场地松软，球员在沙地上运动时，重心不易稳定。若准备姿势的重心过低，在沙地上蹬地时就容易滑动，脚会深陷沙中，造成起动困难，这是因为当身体起动时，沙子起到了缓冲作用，减弱了支撑反作用力。因此，在移动前，将重心高度处于半蹲至稍蹲之间最适宜。

（2）实用技术。准备姿势一般为稍蹲准备姿势和半蹲准备姿势。稍蹲准备姿势一般用于二传传球前，在接较高来球或准备扣球时使用。半蹲准备姿势是比赛中运用最多的准备姿势，适合短距离移动和防较低来球时使

用，主要用于接发球、接扣球、防吊球等动作。

2.移　动

（1）环境特点。由于沙的流动性大和比赛过程中的移动距离较长的特性，移动时如果用力不当，身体就会打滑，造成起动不及时。

（2）实用技术。移动由起动、步法与制动三个环节组成。沙滩排球比赛一般不宜采用交叉步移动，最好采用滑步、跑步等动作。在移动过程中，要注意将腿稍抬高，使脚高出沙面，以减少运动阻力，加快移动速度。同时，要将重心逐步降低，最后一步使用跨步制动，以此来衔接倒地动作。

（二）发　球

沙滩排球比赛的发球技术与6人制排球比赛的发球技术基本相同，发球既是比赛的开始，也是进攻的开始。

（1）环境特点。沙滩排球比赛是在室外自然环境下进行的。由于比赛场地存在光线与风向等因素的影响，所以技术的运用应考虑自然条件。

（2）技术运用及要求。在顺风条件下可采用大力发球，以发出不同性能的旋转球，使球的落点难以估测。在逆风或无风条件下可发飘球，发出的球不旋转，并且会不规则地向前飘晃飞行，使接发球的球员难以判断球的飞行线路和落点，造成接球困难。另外，根据两名球员接发球的特点，在发球运用上应注意路线、距离、角度的变化。例如，发后场区球，应加大一传球员垫球后再进攻的助跑距离；发前场区球，可以使接发球的球员在网前接球后不能及时后撤进行助跑，打乱其进攻节奏。

（三）垫　球

垫球技术在沙滩排球比赛中主要用于接发球、防守及代替传球组织进攻。

（1）环境特点。沙滩排球比赛场内只有两名球员，控制范围大，对球的控制力要求也高。

（2）技术运用及要求。沙滩排球比赛时，接球球员往往也是进攻球员，当一传或防守起球后，必须立即转入助跑起跳扣球，所以前一个动作结束的同时，是下一个动作的开始，动作之间的衔接要快。

沙滩排球比赛对上手传球技术动作要求较高，球员常常用垫球代替传球做二传，也称垫传。沙滩排球比赛运用较多的垫球动作是正面双手垫球、体侧垫球、背垫、单手垫球、前扑和鱼跃垫球。

（四）传　球

传球技术在沙滩排球比赛中主要用于二传。

（1）特定动作要求。传球出球的方向必须垂直于两肩或左右肩的延长线，不能有搬动动作。

（2）技术运用及要求。依据比赛规则，比赛中前排传球或后排调整传球都必须是正面、正背面或正侧面。如果对方有一个人到网前，那么可通过传球，过网到对方空挡。如果对方两人都在后场准备防传过网的球，可把球传给队友进攻，造成对方无人拦网。如果一传来球较高，可面对球网扣两次球或将球转移给队友扣球。

沙滩排球比赛常用的传球方法有四种：正面双手传球、侧面双手传球、背传和跳传。

（五）扣　球

（1）环境特点。沙滩排球比赛时，常会因球员两脚陷入沙子中不利于及时移动或起跳。

（2）技术运用及要求。沙滩排球比赛扣球的助跑起跳与室内扣球的助跑起跳有较大的区别。沙滩排球比赛的扣球需要眼与手的出色配合，要求全身的协调平衡和速度的良好把握，不像 6 人制排球比赛那样能在地板上跨大步降低重心制动，所以，起跳时踏跳步不宜过大，助跑的距离也比较远。沙地起跳要迟一点，将弹跳高度估计得低一点，才能保持好正确的人球关系。

调整扣球是沙滩排球扣球的主要方式，进攻球员不仅要会扣后排的调整球，还要能扣一传垫起的球。虽然规则限制不能张开手指进行吊球，但轻扣是允许的，因此，可以采用拳头、掌根进行吊球。在处理各种网上球或球网附近的球时，可以用扣侧旋球、搓球和抹球等击球手法。

沙滩排球比赛中常见扣球方法：正面扣球、勾手扣球、小抡臂扣球、单脚起跳扣球、搓球等。

（六）拦　网

靠近球网的球员，将手伸向高于球网处阻拦对方进攻，并能触及球的动作称为拦网，它是沙滩排球比赛中攻防兼顾的一种重要技术。拦网是防守的第一道防线，也是取得反攻机会的重要环节。拦网水平的高低直接影响比赛的胜负。沙滩排球因为只有两人比赛，拦网一般都处于单人拦网或无人拦网状态。

第三节　软式排球运动

一、软式排球运动球体的特性

“软式排球是融全民健身和竞技体育于一体的新兴体育运动项目。”[①] 软式排球和传统排球有很多不同之处，软式排球主要采用柔软橡胶制成，球的周长约为 66 cm，重量约为 210 g，其主要特点在于球体非常柔软，也因此被叫作软式排球。软式排球球体重量和气压也不大，有利于球体在运动时保持较高的安全性，可以有效减少球员的手指挫伤及砸伤等伤害；软式排球球体重量有限，击出后飞行速度也较慢，可以延长在空中的飞行时间，使其趣味性更强。

软式排球球体轻、质地软、安全性高，长时间练习也不会有疼痛感，而且技术要求低，击球花样多，运动量可大可小，更符合现代学生心理、生理特征和要求，逐渐成为学生喜爱的健身项目。长期参加排球活动可以提高学生的运动素质，塑造良好的体形。由于传统排球运动的技术要求比较高，所以学校教学用球质地比较硬，球击在手上有疼痛感，一部分学生因为怕痛，参与积极性明显降低，同时影响了学校排球运动的普及与发展。因此，软式排球运动以特有的球体特点吸引学生，成为充实排球运动

---

①　张秀丽 . 软式排球在高校公共体育课的开展与推广［J］. 当代体育科技 ,2015,5（3）: 93-94.

项目的教学分支。

软式排球运动不仅对场地的要求非常低，而且具有比传统排球运动更加简单的运动规则。对参与者的年龄、性别及技术要求也不是很高，具有较强的操作性。

二、软式排球运动符合终身体育锻炼项目

参加体育锻炼，一方面是身体生长发育的需要，另一方面是为终身参与体育锻炼打好基础。排球运动诞生之初是为了大众娱乐的需要，是属于大众文化生活的内容。软式排球运动归于排球家族的娱乐类项目，属于排球运动的软化项目，其发展突破了行业界限和年龄界限。软式排球运动以自身的特质，填补了排球文化的内容，它既区别于排球运动的其他项目，又能融入排球家族之中，是现代社会人们调节心理压力的休闲娱乐内容，其价值、作用正在被越来越多的人认识与接受。

三、软式排球运动安全易学

软式排球运动的技战术要求较低，规则更有弹性。以娱乐为主的软式排球比赛，球网的高度与参加的人数可以灵活变化，即使从未参加过软式排球运动的人，也能很容易加入其中，适合业余体育爱好者进行锻炼。

软式排球的规则：任何人的任何身体部位都允许触球，对击球的限定比较宽松；任何人都可以在 2 m 线后，将任何高度的球做出进攻性击球；比赛中，只要不把球接住后再抛出，就不算犯规，取消了“持球”的概念。这些宽松的规则，使每一名参与软式排球运动的人都能迅速上手，并掌握一定的运动技巧。

第三章
排球运动技战术、核心稳定性及心理素质训练

第一节 排球运动的技术及其动作方法

“人们的生活水平得到提高，加深了对心身健康的重视程度，这对体育事业的发展是起到关键作用的，排球这一项运动也随之产生。”[①] 排球运动是一项需要球员集体合作的技术性较强的体育运动项目之一，因此，掌握排球运动的各项技术至关重要。

一、排球运动的准备姿势、移动步法与制动技术

（一）准备姿势

排球运动属于球类运动项目，所以在排球运动过程中，为了更快速、更准确地对多变的来球情况采取应对措施，球员往往会采取不同的准备姿势。准备姿势是为了方便完成相关专业技术动作而选取的各种合适的身体姿势。准备姿势和移动是检验排球技术质量的关键，它们都是为了完成击球动作所做的准备。调整好准备姿势，除了可以达到在保持球员与球相对位置的合理性的基础之上，迅速移动去接近球并完成击球动作的目的外，

① 王晓龙．排球技术分析的原理、原则与方法［J］．当代体育科技，2014，4（18）：194-195.

更是为了及时起跳或倒地并最终做出高质量的击球动作。

1. 准备姿势的要点

准备姿势就是类似于从某高处跳下来后采取缓冲措施时所采用的姿势，即前脚掌落地，并将整个身体的重心放在两只脚的拇指根部，膝盖关节处要深屈，身体上半部分前倾。如果处于防守区的中心，可选择两只脚平行打开，面部正对来球方向。如果偏向防守区右侧，需要右脚向斜前方迈出一步；如果偏向防守区左侧，则与之相反。如果位于边线上，首先判断是在左侧边线还是在右侧边线，然后根据“左侧迈左脚，右侧迈右脚”原则，向正前方迈出一步。

此外，在准备过程中，手臂的摆放位置不仅要有利于上手传球，而且要有利于双手垫球，所以应该将手臂摆放于腹前。准备垫球和拦网时，对手臂的放置要求各有不同：前者要求手臂稍稍放低些；后者需要两臂分开且比肩宽。

2. 准备姿势的分类

按照重心所在的相对位置，准备姿势可以分为以下三类。

（1）稍蹲准备姿势。稍蹲准备姿势（图 3–1）[①] 需要以肩膀宽度为标准，将两只脚岔开，身体的重心位于两脚之间，身体稍稍向前，即上体稍稍前倾。与此同时，两只膝盖要微屈，脚跟离地，两臂处于自然弯曲状态，放在腹前。两脚微微移动，时刻准备迎接来球，两眼要盯着来球方向，即身体的各个部位都为复杂多变的情况做准备。

图 3–1　稍蹲准备姿势

（2）半蹲准备姿势。半蹲准备姿势（图 3–2）要求两脚的开立幅度要

① 本章图片引自：杨建文．排球［M］．兰州：甘肃人民出版社，2014: 40-84.

稍微比肩宽，重心相对于稍蹲准备姿势要再略微向前一点，两膝弯曲，膝部的垂直线应在脚尖前方，脚跟离地，两臂处于自然弯曲状态，两眼要平视来球方向，两脚依然需要微微移动。

图 3–2 半蹲准备姿势

（3）低蹲准备姿势。低蹲准备姿势（图 3–3）重心的位置要比半蹲准备姿势更靠前且更低，脚间距更宽，膝部弯曲程度更大，但是与地面形成的垂直线仍要位于脚尖前方。此外，要求肩膀与地面形成的垂直线位于膝部前方，双手自然放置于胸腹前。

图 3–3 低蹲准备姿势

3. 准备姿势的应用

不同类型的准备姿势要针对不同的实际情况来运用。

（1）稍蹲准备姿势的应用。

如果球在对方或球在己方，距离自己较远且不需要快速移动去击球的位置，要选择稍蹲准备姿势。在处理二传、扣球，以及运动速度慢且球在空中弧度较大的发球时，也可以运用稍蹲准备姿势进行准备。

（2）半蹲准备姿势的应用。

在排球比赛过程中，运用好半蹲准备姿势是基本要求。接球发球、传球拦网过程中运用最多的是半蹲准备姿势，利用它也能很好地应对短距离的移动及较低位置的来球。

（3）低蹲准备姿势的应用。

低蹲准备姿势主要用于后排防守（接扣球）与前场保护（接拦回球），以及接低而远的球和衔接各种倒地动作，以扩大防守范围。

（二）移动步法

移动是排球运动中一项不可缺少的基本技术。移动是在准备姿势的基础上，为了快速、准确地变换位置所采用的动作，移动的快慢直接关系到技术、技能的发挥和战术配合的成败，因此，移动步法在排球运动中起着重要的作用。

1. 移动步法的分类

移动是进攻与防守之间的桥梁，在球场上的发生是有明确目的的，一是做到缩短与球之间的距离并准确击球；二是在球场上抢占优势位置，方便与同组球员配合。排球运动可以看作一个快速移动的过程，球员只有在移动中，才能使身体与球保持适当的距离来完成击球或拦网动作。移动也要讲求步法，因为球场上球员的技术、球场战术等共同影响着步法的变换，所以，为了在比赛中处于优势地位，依据影响因素可以对步法进行以下五种分类。

（1）跨步与跨跳步。跨步（图 3–4）即一只脚用力蹬地，另一只脚向前跨出一大步，膝部弯曲，上体前倾，身体重心移至前腿上，主要用于防守技术。跨步可以向前、向斜前或向侧方移动，当来球低而远，跨步不能有效地接近来球时，要及时切换成跨跳步。跨跳步是在跨步的基础上，后脚蹬离地面，有一个腾空的阶段，前脚落地后迅速屈膝，后脚及时跟上，同时降低重心，上体前倾，准备击球。

图 3–4　跨　步

（2）并步与滑步。并步和滑步（图 3–5）都属于准备姿势范畴，而滑步又是并步的连续。并步是指一只脚朝来球的方向跨出一步后，另一只脚紧随其后做好快速击球之前的准备姿势。并步与滑步主要用于传球、垫球、拦网等。并步可朝前、后、左、右各方向移动。

图 3-5　并步与滑步

（3）交叉步。运用交叉步（图 3-6）时，身体的不同部位也要做出不同的反应。例如，向身体右侧迈出交叉移动时，身体上半部分要稍稍往右边方向转动，左脚需要从右脚的前面向右侧呈交叉式跨出一步，然后右脚向右侧迈出一大步，同时身体需要转往来球方向，并保持击球前的准备姿势。交叉步主要用于二传、拦网和防守。

图 3-6　交叉步

（4）跑步。如果遇到距离很远的来球，就要采用跑步移动的方法。在跑步移动中，双眼要盯住球，两臂要配合摆动，边跑边转动身体，而且要争取在击球之前跑到预定位置，对准来球，做好击球的准备姿势。

（5）综合移动步法。多种移动步法的综合运用可统称为综合移动步法。各种移动步法都可以综合运用，应具体情况具体对待。

2. 移动步法的应用

（1）并步的应用。并步主要用于近距离的移动，如传球或与其他倒地击球技术结合使用。

（2）滑步的应用。滑步主要用于短距离移动。滑步的运用也是为了增加接球的概率。当目测传过来的球的位置距离较远且并步也不能更靠近球的位置时，可以采用滑步。

（3）跨步的应用。迎接来球的高度偏低、速度偏快或是与身体距离较近（1 m左右）时，跨步是首选。跨步的运用手段是多种多样的，它既可以做到自己单独发挥作用，也可以与滑步、交叉步及跑步三种移动步法的最后一步结合发挥作用。

（4）交叉步的应用。当来球在体侧 2~3 m 时，可采用交叉步；二传或拦网球员在网前移动及防守两侧来球时，也可采用交叉步。

（5）跑步的应用。跑步很少被单独采用，往往是结合了交叉步、跨步等其他移步法而被运用到排球比赛过程中。例如，在进行侧方位跑步之前，常常需要先利用交叉步转身。如果是为了接近球并成功完成击球动作，跑步则常常结合跨步、倒地或是跳跃动作来做准备。

（6）综合移动步法的应用。当身体离球较远，用一种步法不便于完成击球动作时，即可采用综合移动步法。例如，跑步之后接侧滑步，或滑步之后接交叉步、跨步来完成拦网动作或救起距离较远的球。

（三）制动技术

制动是由移动转为停止状态的过程，制动既是移动的结束，也是击球动作的开始。制动不单是为了克服身体移动的惯性，同时也是为了与下一个动作进行衔接和做好准备姿势。

制动技术法大体可以分为两种，即一步制动法和两步制动法。

（1）一步制动法是指在移动最后跨出一大步，同时调整并降低身体的重心，但是身体的重心会因为惯性继续移动，为了防止其移动，膝盖部分和脚尖要在合理范围内向内侧转，整个脚掌要横向蹬地。此外，要用腰部力量控制身体的上半部分，从而保持身体的重心垂直线在双脚支撑面的范围内。

（2）两步制动法是倒数第二步时准备第一次制动，然后快速迈出最后一步并完成第二次制动。为了方便后续动作的进行，在完成第二次制动的同时，要调整身体状态，降低重心并用双脚用力蹬地。

二、排球运动的发球技术与动作方法

（一）发球基本动作

随着排球运动的不断发展，发球在排球运动中占据着非常重要的地位。发球是唯一不需要与其他球员配合的技术。在排球比赛中影响发球的因素有很多，球员在发球区外用一只手或者手臂将球抛起击到对方球场区的动作叫作发球。发球是排球比赛中重要的攻击性动作，也是关键的胜负动作。发球技术从开始的单一发球过网开始，已经变化成为在场上直接采用这种技术并且能够直接得分的一种威胁性非常强的技术。

发球的动作方法有很多，每种方法都有其技术特点，但无论哪种发球方法，其动作结构都包括准备姿势、抛球、挥臂击球及击球后动作。

（1）准备姿势。根据发球方法不同，发球准备姿势分为身体面对网站立和身体侧对网站立两种。身体面对网站立准备姿势的动作方法：球员面对球网，两脚前后自然开立，左脚在前，重心落在后脚上。身体侧对网站立准备姿势的动作方法：球员左肩对网站立，两脚自然开立与肩同宽，重心落在两脚之间。另外，同一种发球方法的站位要固定。

（2）抛球。抛球是指以单手或双手将球平稳抛起在身体右前方。根据发球的性能，抛球的高度、球与身体的距离有所不同，但对同一种发球方法来说，抛球的高度、球与身体的距离要固定。

（3）挥臂击球。抛球的同时，右臂摆动向后挥臂。击球时，以正确的击球动作击中球的相应部位，用力方向和出球的飞行方向要一致。击球点和击球手法根据发球动作结构的不同而有所差异，但同一种发球方法，其击球手形与击球部位要固定。

（4）击球后动作。击球后，身体随出球方向迅速移动，进入场区比赛。

（二）基础发球动作技术

1. 正面下手发球

正面下手发球（图 3–7）是指发球球员正面对网，手臂由后下方向前摆动，在腹前一臂距离将球击入对方场区的一种发球技术动作。这种发球动作简单、容易掌握，但球速慢、力量小，攻击性不强，适用于初学者。

图 3-7　正面下手发球

正面下手发球技术要点如下。

（1）球员站立时，两脚前后分开一定的距离，通常左脚在前，微微弯曲双膝，将重心放在后脚，上身稍微前倾。

（2）用左手将球托于腹部前方，抛球时大约抛到距离手 20 cm，将球抛于身体右前方。

（3）抛球时，发球球员的右手臂应当伸直并摆动至后方，借用右腿的力量使身体的重心转移到前脚，从而摆动右手击球。

（4）以腹部的前方作为击球点，用整个手掌或虎口、掌根击球。

2. 侧面下手发球

在利用侧面下手发球技术（图 3-8）时，球员侧身面对球网，在身体的转动下带动手臂，从后下方挥动到前方进行击球。这种发球可利用转体动作，便于发力、容易掌握，但球速慢、攻击力差。

图 3-8　侧面下手发球

由于并不具备较强的攻击性，侧面下手发球常常被女性初学者运用。侧面下手发球技术要点如下。

（1）双脚左右分开，与肩同宽，用左肩面对球网；微微弯曲双膝，倾斜上体，两脚间为重心所在。

（2）将球用左手抛在胸的正前方，离身体大约一臂距离，离手距离约为 30 cm。

（3）在抛球的同时，右手臂向右下方摆动，然后右脚蹬地向左方转体，以此带动右手臂摆动至前上方。

（4）在腹部的前方击球，用整个手掌或虎口击球，掌根对球的右下方进行击打。

3. 正面上手发球

正面上手发球（图 3–9）是指发球球员面对网站立，手臂由体前后摆至肩后，然后向前挥臂，在体前及头上方击球过网的发球技术动作。这种发球方式具有较高的准确性，能够很好地观察对手，掌控球的轨迹，充分运用各种肢体运动，发出力量大、速度快的球。

图 3–9　正面上手发球

正面上手发球技术（以右手发球为例）要点如下。

（1）球员面向球网两脚自然开立，左脚在前，右脚在后，用左手托球放于身前。

（2）向上送球时，利用手臂和手掌向上抬的力量，左臂前伸，将球平稳地抛到右肩前上方约 1 m 高。

（3）抛球时，抬起右手臂，弯曲肘部向后引，肘部与肩持平，身体向右侧微微转动，再通过蹬地使得上身向左转，从而带动手臂转动。

（4）将手臂在右肩前方伸直的最高点设置为击球点。

（5）击球时，手掌及手指自然张开，与球面切合，用整个手掌对球的后中下部进行打击；手腕向前弯曲，迅速地将球推压出去，使球能够上旋飞行。

（三）高级发球动作技术

1. 正面上手发飘球

球员正面上手进行发球的方式就是正面上手发飘球（图 3–10），这种发球技术可以使球在空中进行不规则的晃动，接球的对手很难判断球的落球点和飞行轨迹。在运用这种技术时，发球球员身体面对球网，能够更好地观察发球的方向，具有更高的准确性。

图 3–10　正面上手发飘球

正面上手发飘球技术要点如下。

（1）两脚自然分开，将左脚置于前方，身体面向球网，用左手把球托在身前。

（2）通过抬高手臂，用手掌平托向上送球，使球能够被抛到右肩前上方距离手 1 m 的位置。

（3）击球前，用于击球的手臂做从后向前的直线挥摆；用五指并拢的掌面击球。

（4）击球时，手腕、手指略微紧张，手形固定，用掌根平面击球体中下部，作用力通过球体重心。

（5）击球后，手臂要有突停动作。

2. 勾手发飘球

发球球员侧身面对球网，通过勾手发球，使得球能够在空中进行不规则的飘动，这就是勾手发飘球（图 3–11）。这种发球能充分利用腰腹力量，带动手臂挥击，相对较为省力，肩关节的负担也较小，因而适用于远距离发球和女球员使用。

图 3–11　勾手发飘球

勾手发飘球技术要点如下。

（1）身体侧对球网站立，左手持球于胸前。

（2）左手将球平稳抛在左肩的前上方，抛球离手的高度约为 80 cm。

（3）在抛球的同时，两腿弯曲，上体向右稍倾斜；右臂朝下或右后方摆动，身体重心移向右脚。

（4）击球前，重心移向左脚，利用蹬地、转体带动手臂挥动；手臂挥动时以肩为轴，肘关节伸直。

（5）击球时，手腕紧张，手形固定，并突然加速，用掌根击球的后中下部，击球点在右肩的前上方。

（6）击球后，手臂有突停或下拖动作。

3. 勾手大力发球

勾手大力发球（图 3–12）是指采用勾手发球的形式，利用转体、大幅度挥臂发出迅速旋转球的技术动作。勾手大力发球能充分运用全身的爆发力，发出的球力量大、速度快、弧度低、旋转强。

图 3–12　勾手大力发球

勾手大力发球技术要点如下。

（1）身体侧面对网，两脚自然开立，左手持球于胸前。

（2）左手将球抛在左肩前上方，离手的高度约为 80 cm。

（3）抛球的同时，两腿弯曲，上体向右侧弯曲；右臂随之向右侧大幅度后摆，身体重心移向右脚。

（4）击球前，利用右脚蹬地和转体动作发力，带动右臂做直臂弧形挥动，同时身体重心移至左脚；挥臂时，手指、手腕稍放松。

（5）击球时，手指自然张开切合球，以全手掌击球的中下部，主动做推压动作，使球产生强烈的上旋。击球点在体前上方，手臂伸直的最高点处。

4. 跳发球

跳发球（图 3-13）是指发球球员在端线后助跑起跳，在空中将球直接击入对方场区的发球技术动作。跳发球的特点是速度快、力量大、旋转强，是目前最具攻击威力的发球。但跳发球技术难度很大，需要球员具有相当好的弹跳力、腰腹力量、控球能力。

图 3-13　跳发球

跳发球可分为跳发飘球和跳发上旋球，一般以跳发上旋球为主。跳发球技术要点如下。

（1）面对球网，离端线 3~4 m 站立，双手（或单手）持球于腹前。

（2）用单手或双手将球抛在前上方，离地面高约 4 m，落点在端线附近。

（3）球抛离手后，迅速向前助跑起跳。一般多采用两步助跑双脚起跳方法，起跳时，两臂要协调摆动，身体向前冲。

（4）腾空后，挺胸展腹，稍向右转，身体呈反弓形，右臂屈肘向后引臂，五指自然张开，手腕放松。

（5）击球时，利用收腹和转体动作带动手臂向前上方挥动；用全手掌击球的后中部，并有向前的推压动作。

（6）击球后，两腿屈膝缓冲，双脚落地。

5. 发侧旋球

发侧旋球（图 3–14）是指发球球员以正面上手发球的方法，利用手腕击球时的变化发出侧旋球的发球技术动作。侧旋球旋转强、速度快，呈弧线飞行，使对方难以判断。但这种球需要发球球员有较强的手臂力量和控制球的能力。按照球的飞行路线可分为左侧旋和右侧旋。

图 3–14　发侧旋球

发侧旋球技术要点如下。

（1）面对球网，两脚自然开立，左脚在前，左手托球于体前。

（2）抛球时，用抬臂和手掌的平托上送，将球抛在比正面上手发球的抛球稍偏右的上方，离手的高度约为 80 cm。

（3）左手抛球的同时，右臂抬起，屈肘后引，肘与肩平，上体稍向右侧转动，利用蹬地，使上体稍向左转动，带动手臂向右前上方挥动。

（4）击球时，手掌手指自然张开并略微紧张，以全手掌击球的右部，从右向左带腕，做旋内的动作，使击出的球向左侧旋转飞行。

（5）击球点在体前右侧上方。

6. 发高吊球

发高吊球（图 3–15）是指发球球员采用下手发球的方法，以手臂外侧击球的下方，使球高弧度地落在对方场区的发球技术动作。这种发球高度高，且旋转强，可利用球体下落的速度和弧线造成接发球困难。高吊球高度高，易受光线和风力的影响，故适合在室外使用。

图 3-15　发高吊球

发高吊球技术要点如下。

（1）右肩对网站立，两脚自然开立，右脚在前，身体重心在右脚上，两膝稍屈，上体微前倾。

（2）左手将球抛在面前，使球在体前一臂之远的地方下落。

（3）抛球的同时，右臂向后摆动，然后借助蹬地、展腹，以右臂猛烈向上挥动。

（4）击球时，在腹前以虎口外侧击球的内侧下部，使球在旋转中上升。

（四）发球技术练习

1. 徒手发球练习

（1）徒手抛球练习。原地站立，连续做徒手的模仿抛球动作的练习。

（2）徒手挥臂练习。以正确的挥臂动作，对固定目标（如适宜高度的树叶、悬挂的固定球等）连续做徒手的挥臂击球练习。

（3）徒手完整发球动作练习。选择自己最常用的发球方法，结合步法和抛球动作做徒手发球练习。

2. 结合球练习

（1）抛球练习。对墙或对网做抛球练习，抛球的高度和落点应符合发球动作的要求。

（2）对墙发球练习。距墙或挡网 6~7 m，将抛球、挥臂击球、用力等环节连接起来，做发球练习。

（3）两人对发练习。两人一组，相距约 9 m 发球。要求控制好出球的力量和落点。

3. 结合球网练习

（1）隔网发球练习。两人隔网站立，首先站在距网 4 m 处，然后不断后移站立的位置，最后移至端线后，分别进行对发球。

（2）发不同线路球练习。站在端线后发球区内某一固定位置上，连续向对场发球。练习时，要求交替发直线球和斜线球。

（3）发定点球练习。在球场的某位置放置一固定物，练习者站在对场端线后发球区内，对固定物发球。要求发球时以中等力量击球，目的是击中固定物。练习方式多为个人连续进行或多人交替进行。

（4）发不同距离球练习。站在端线后发球区内，向对场发球，要求球落在不同距离的间隔内。

（5）发不同区域球练习。站在端线后发球区内，向对场发球。要求球落在不同区域的间隔内。

三、排球运动的垫球技术与动作方法

（一）正面双手垫球动作技术

垫球是通过手臂或身体其他部位的迎击动作，使来球从垫击面上反弹出去的一项击球技术。当面对接发球、接扣球和接低于腰部的来球时，通常采用正面双手垫球。正面双手垫球是利用双手小臂或手的坚硬部位，在腹前击球的动作，它是最基本的垫球技术，是各项垫球技术的基础。正面双手垫球动作技术由准备姿势、垫球手形、击球部位、击球动作和击球后动作四部分组成。

（1）准备姿势。面对来球，球员呈半蹲或稍蹲准备姿势站立。一般情况下，接发球和接应同伴来球时，使用稍蹲准备姿势；接扣球和接拦回球时，使用半蹲准备姿势。

（2）垫球手形。垫球手形是指垫球时手臂和手的动作方法。手的姿势通常有抱拳式和叠掌式两种方法。抱拳式的方法是两手掌相靠，手指重叠，合掌互握，两手拇指平行前伸，手腕下压。叠掌式的方法是两手掌紧靠，两手手指重叠，合掌互握，手腕稍向下压，前臂外翻形成一个平面。垫球时手臂的姿势是两肩前耸，手腕下压，两臂伸直外翻形成一个平面。

（3）击球部位。垫球击球部位是指垫球击球时球触手臂的部位。垫球击球部位是在腕关节以上 10 cm 左右的桡骨内侧平面。击球点在腹前一臂距离处。

（4）击球动作。当来球时，双手、双臂呈垫球手形；当球飞到腹前一臂距离时，两臂夹紧，含胸收腹，手臂伸直插到球下，向前上方蹬地抬臂，以身体的协调用力迎击来球，身体重心随击球动作前移。

（5）击球后动作。击球后动作是影响垫球质量的一个容易被忽视的重要环节。击球后，身体重心前移，继续朝抬臂方向伴送球，使整个动作协调自然。

（二）基础垫球动作技术

1. 体侧垫球

体侧垫球（图 3-16）是在身体两侧用双手垫球的技术动作。当来球的速度快、飞向体侧距离较远处、来不及移动到正对来球方向时，常采用这种垫球方法。

图 3-16　体侧垫球

体侧垫球技术要点如下。

（1）左脚前脚掌内侧蹬地，右脚向右迈出一步，身体重心随之移至右脚，右膝弯曲。

（2）两臂夹紧向右侧伸出，右臂高于左臂，左肩向下倾斜，两前臂形成一个侧平面。

（3）击球点在体右侧腰肩之间，手臂的击球面对准来球方向。

（4）利用向左转腰和收腹的力量，配合两臂在体侧拦击球的后下部。

（5）击球时，判断好自己的场上位置，并用眼睛余光观察场上情况及其他球员的位置。

2. 跨步垫球

跨步垫球是指向前或向侧跨出一步垫球的技术动作。当球距身体 1 m 左右，来球较低或速度较快来不及正对来球时，可采用这种垫球方法。此技术动作在接发球、接扣球和接拦回球中被广泛采用。跨步垫球技术要点如下。

（1）迅速朝来球方向跨出一大步，屈膝深蹲，重心落在跨出脚上，上体前倾，臀部下沉。

（2）两臂夹紧伸直插入球下。

（3）击球点较低，离身体较远。

（4）利用蹬腿抬臂的力量，垫击球的后下部。

（5）击球时保持身体平衡，击球后后脚迅速跟进，还原准备姿势。

3. 背　垫

背垫（图 3–17）是指背对出球方向垫球的技术动作。背垫多用于接应同伴垫飞的球或将球处理过网。

图 3–17　背　垫

背垫技术要点如下。

（1）迅速移动到球附近。

（2）背对出球方向，两臂夹紧直插到球下。

（3）击球点在体前肩部位置。

（4）击球时，蹬地、抬头挺胸、展腹，直臂向后上方摆动，将球击出。

（5）击球后，手臂摆动的位置不能越过头顶。

4. 单手垫球

单手垫球是指用一只手或手臂垫球的技术动作。当来球较远、速度快，来不及或不便用双手垫球时，可采用单手垫球，尤其在接扣球和接拦回球时运用较多。单手垫球技术要点如下（以右手为例）。

（1）右脚跨出一大步，迅速移动，以缩短人和球之间的距离，身体向右倾斜。

（2）右臂伸直，由右后下方向前上方摆动。

（3）用前臂、掌根、手背或虎口等处击球的后下部。

（4）击球时，用屈肘和翘腕的动作将球平稳地击起。

（5）尽可能扩大手的击球面。

5. 挡　球

挡球是指用双手或单手在胸部以上挡击来球的击球动作。挡球可分为双手挡球和单手挡球两种。双手挡球一般针对速度快、力量足的球，而应对那些角度刁钻、力量不足、速度较慢的球，主要是运用单手挡球。

（1）双手挡球的技术要点如下。

① 其手形有两种：一种是抱拳式，两肘弯曲，一只手半握拳，另一只手外包；另一种是并掌式，两肘弯曲，虎口交叉，两臂外侧朝前，合并成勺形。

② 手腕向后，手肘向上，手臂向上。

③ 击球时，用双手掌外侧和掌根所组成的平面在胸部以上挡击来球。

④ 打球时，手腕肌肉收缩。

（2）单手挡球的技术要点如下。

① 抵挡球时，手臂弯曲，肘部向前，手腕往后绕转回来。

② 用手托住球的下半部分。

③ 打在球上的一瞬间要收缩肌肉，也可以跳起来打高处的球。

（三）高级垫球动作技术

1. 跪　垫

以半跪姿势击球的垫球方法称为跪垫（图 3–18）。跪垫适合在来球低、速度快、距离远时采用，在接发球、接扣球及接拦回球时运用得较多。

图 3–18　跪　垫

跪垫技术要点如下。

（1）以低蹲准备姿势朝来球方向跨出一步，伸出去的腿关节向外偏移，没伸出去的腿关节内侧贴近地面。

（2）身体的上半部分要有一定的倾斜度，双臂要停在球的下面。

（3）打球时，主要通过手腕和手的虎口部分把球带起来。

2. 让　垫

打球时，如果身体先离开一般称为让垫（图 3–19），这种情况主要针对飞来的速度较快且弧度较小的球。

图 3–19　让　垫

让垫技术要点如下。

（1）往前快速跨一步，转移身体重心。

（2）在身体离开的一瞬间，在身体侧面触碰到球并击飞。

（3）身体回到原来的位置，让球飞到身体的侧面，用身体的侧面来打球。

3. 滚翻垫球

滚翻垫球（图 3–20）是垫球技术的一种，有双手、单手滚翻垫球，在来球低并且离得远时采用，女子运用得较多。滚翻垫球可充分发挥移动速度，保护身体不致受伤，并迅速转入另一动作。

图 3–20　滚翻垫球

滚翻垫球技术要点如下。

（1）朝球飞来的方向走一步，然后让自己的身体向前倾，压低重心。

（2）张开双手来接住球，同时用力蹬地，让自己能够朝球的方向移动。

（3）用小臂或者是手腕等部位来打球。

打球时，如果身体失去平衡，就应该借助惯性来旋转身体。借助收缩所带来的力量，用低头等动作来保护自己并顺势站起来。

4. 前扑垫球

击球时伴随前扑动作的垫球方法称为前扑垫球（图 3–21）。当来不及运用跨步移动来垫球时，可以向前扑一下，扑到球的落点来接触距离自己比较远且很快就要落地的球。

图 3–21　前扑垫球

前扑垫球技术要点如下。

（1）准备姿势低，上体前倾，重心偏前。

（2）下肢用力蹬地，身体向前扑出。

（3）单臂或双臂插入球下，击球时，用前臂、虎口或手背将球垫起。

（4）击球后，双手迅速撑地，两肘顺势弯曲缓冲。膝关节伸直，以免触地，胸腹部着地。

5. 侧卧垫球

向侧跨步垫球后再倒地的动作称为侧卧垫球（图 3-22）。一般在接侧向低、远球时，多采用此种方法。

图 3-22　侧卧垫球

侧卧垫球技术要点如下。

（1）击球前，应该用弓步的方式向前跨一步，同时让重心压在前腿上。

（2）拿球时，应该尽量把手向前伸，用两只手或一只手把球垫起来。

（3）打到球后，应该用身体侧面着地来缓冲冲击力。

6. 鱼跃垫球

以鱼跃姿势腾空跃起体前垫球的方法称为鱼跃垫球。这种垫球方法跃得远、控制范围大，当来球低而远时，多采用此种方法。

鱼跃垫球技术要点如下。

（1）以半蹲姿势为准备姿势，自己的身体向前倾，重心放在身体的前面，通过助跑和原地起跳的方式来让身体向斜前方腾空跳出。

（2）双手应该尽量伸出，放在球的下半部分。

（3）打球时，应该用单手或者双手打球的后半部分。

（4）打到球后，身体应该尽量缓慢地落在地上，同时控制住身体的走向，抬头挺胸保护好身体，让身体呈反弓形，用手、胸腹和大腿等接触地面。

7. 脚垫球

用脚将球击起的垫球方法称为脚垫球（图 3-23）。脚垫球技术是一项应急技术，是排球技术中手击球动作的补充技术，是在来球用手无法触及、迫不得已的情况下才使用的。

图 3-23　脚垫球

脚垫球技术要点如下。

（1）一只脚朝来球方向跨出一步，重心前移。

（2）展腹展胸，身体后倾；另一条腿以髋关节为轴，大腿带动小腿前抬。

（3）击球时，以适当的力量用脚背平面触及球，使球弹起一定的高度。

（4）击球后，后脚迅速跟上，保持身体平衡，还原准备姿势。

（四）垫球技术练习

在初步掌握垫球的击球点、击球部位、手臂击球用力后，可进行移动垫球、变方向垫球等。练习时，应遵循一定的顺序：徒手练习—垫固定球—自垫球—对墙垫球—垫近距离抛球—近距离对垫球—长距离对垫球。

1. 徒手垫球练习

徒手垫球练习是指不结合球的模仿练习，是初步形成技术动作的正确表象，也是形成规范动作的最佳途径。在进行徒手练习时，练习者可以在不受来球的干扰下，集中精力做好每一个动作。

（1）垫球手形练习。练习者两臂夹紧并伸直，形成垫击平面；双手抱拳或叠掌。通过此练习，体会垫球手臂动作。

（2）原地徒手垫球练习。练习者跟随教练员或在镜前做垫球的完整动作。通过此练习，体会垫球动作的用力顺序。

（3）移动徒手垫球练习。练习者结合交叉步和并步移动后做徒手垫球动作练习。通过此练习，体会移动与垫球动作的连贯性。

2. 定位垫球练习

定位垫球练习是指练习者自己或在同伴配合下，在相对固定的位置，进行相对固定球的练习。固定球的练习是动作定型的重要手段，有利于初学者击准球，掌握正确的击球点。

（1）两人一抛一垫。初学时，可采用坐在一定高度的椅子上，从坐姿到离椅击球。通过此练习，体会身体协调用力及抬臂击球的动作，明确击球部位。

（2）连续自垫。向自己头顶上方垫球，高度不低于 1 m，尽量原地垫球。通过此练习，体会抬臂、压腕动作。

（3）对墙连续垫球。自己在面对墙 2~3 m 处连续对墙垫球。这是很有效的练习方法，根据用力的大小或方向的变换而判断取位，可提高找准击球点的能力。

（4）两人长距离对垫。两人面对着互相垫球，可由 4 m 开始，然后逐渐加大距离，直至距离为 6~7 m。通过此练习，体会身体的协调用力。

3. 移动垫球练习

移动垫球练习是指对远离身体的来球通过脚步移动垫击的练习。移动练习能提高身体与技术动作的协调配合。

（1）移动自垫。用一球向前移动自垫，提高控制球能力。

（2）两侧跑动垫球。抛球人向两侧抛球，练习者两侧移动垫球。要求反应快，垫准球。

（3）穿梭跑动垫球。两队相距约 4 m，相向而立，练习者垫击球后，跑动到对方队尾，依次进行。要求垫准球，跑动快。

四、排球运动的传球技术与动作方法

（一）正面传球动作技术

当判断来球弧线较高且速度较慢时，通常采用正面传球。在正对着球的情况下，传球就是所谓正面传球，因为正面面对球的情况比较多，所以正面传球是所有传球方法中最基础的方法，也是使用频率最高的方法，正面传球技术可以更好地掌握传球的方向和控制球的落点，因此，为了做到这一点，运动员手和全身的动作都应该相互配合。

正面传球技术动作由以下五个环节组成。

（1）准备姿势。传球一般采用稍蹲准备姿势。当判断来球的落点后，迅速移动拉近与球的距离，同时两膝微屈，抬头看球。

（2）击球手形。两只手维持一个适当的距离，并在面部的前方围成一个球的形状，在接触球时，应该注意手腕向后，五根手指头形成一个三角形，小指向外。

（3）击球部位。用拇指的内侧面及整根中指和食指的一部分来接触球，并且利用另外两根手指辅助这三根手指来控制球扔出去的方向，打击球的点应距头部大约一个球的位置。

（4）击球动作。当来球接近额前时，开始蹬地、伸膝，双手微张在面前，向上方迎球。当手接触来球时，双手肌肉适度紧张，对来球的力量做适当缓冲，然后通过蹬地、伸膝、伸腰、伸臂、伸肘的合力和手指、手腕的反弹力将球平稳地传出。

（5）击球后动作。将球传出后，身体随击球动作自然伸展，重心前移、升高，保持正规传球姿势片刻，还原准备姿势，以便衔接下一个动作。

（二）基础传球动作技术

1. 背　传

向头的后上方传球，背对传球目标的传球动作称为背传（图 3–24）。背传主要应用于二传的组织进攻。

背传技术要点如下。

（1）上体正直或稍后仰，身体重心在两脚之间。

（2）双手上举，掌心稍向上，手腕稍后仰。

（3）击球点保持在额上方，触球时，传球的姿势与之前相同。

（4）利用蹬地、上体后仰、挺胸、展腹、抬臂的合力及手腕、手指的反弹力将球向身体后上方送出。

（5）击球时，拇指应适当用力，以控制出球的落点。

图 3-24　背　传

2. 侧　传

身体侧对传球目标，并将球朝体侧方向传出的传球称为侧传（图 3-25）。侧传主要应用于传近网球。

图 3-25　侧　传

侧传技术要点如下。

（1）迎球动作和手的姿势与之前相同。

（2）击球点在身体侧上方。

（3）出球方向一侧的手臂低一些，另一侧要高一些。

（4）击球时，蹬地后上体朝出球方向倾斜，双臂向传出一侧用力伸展。

3. 跳　传

跳起在空中进行的各种传球称为跳传，它主要应用于网前或网上的传球及二传的组织。

跳传技术要点如下。

（1）掌握好起跳时机，向上垂直跳起。

（2）跳起后，身体在空中保持平衡，双臂上摆至面前。

（3）当身体上升到最高点时，靠伸臂的力量和手腕手指的反弹力将球传出。

（4）击球后，身体缓冲落地。

（三）高级传球动作技术

在比赛中，一般使用两次连续传球技术，第二次传球是对第一次传球做出的调整，其也是从防守转入进攻的桥梁和纽带。不管运用哪种二传技术，二传球员都应具备三项条件：一是判断准确，移动迅速，选位恰当；二是手形正确，动作协调，控球能力强；三是视野开阔，善于配合，可调整节奏。

1. 正面二传

正面二传是指二传球员站在网前，面对出球方向传球的技术动作。根据赛场情况，正面传球给第二名球员之后，会出现集中式和拉开式两种情况，集中式是指传出去的球落在第二名球员旁边，并且弧线比较高；拉开式是指球落点在标志杆附近的传球。正面二传在排球比赛中应用较多，传出的球效果也好。

正面二传技术要点如下。

（1）稍蹲准备姿势，观察场上情况。

（2）根据一传落点，迅速移动到位，身体正对传球方向。

（3）击球时，利用手臂、手指手腕动作来传球和控制球。

（4）击球后，上肢要有传送动作，保持传球时的手的姿势片刻。

2. 调整二传

调整二传是指二传球员将一传不到位或离网较远的球传给扣球球员进攻的技术动作。

调整二传技术要点如下。

（1）判断球后，快速移动至球下，身体尽可能正对出球方向；在传球时，传球的角度十分重要，这个角度能让球的行进路线与中间球网之间形成一个夹角，这个夹角越小，进攻球员的进攻越方便，向着网传球时，最不应该做的就是垂直角度传球。

（2）传球前，尽可能回收肘关节，做好用力传球的准备姿势。

（3）传球时，充分利用蹬地、展体、伸臂等动作协调全身力量，将球平稳传出。

（4）若传球的弧线较高，传球的速度则比较慢，距离球网会有一定的距离，落点会在进攻球员的前方一点。

3. 背向二传

背向二传是指二传球员身体背向传球目标传出二传球的技术动作。背向二传可充分利用球网的全长，增加进攻点和进攻的机会。

背向二传技术要点如下。

（1）根据一传落点，迅速跑到球下，以球网等固定不动的物体作为参照物确定自己的位置。

（2）以肩膀的方向调整出球角度。

（3）传球时，充分利用蹬地、展腹、挺胸和向后上方提肩、伸臂、翻腕动作，将球平稳传出。

（4）传球后，二传球员迅速转身，观察球传出的效果。

4. 侧向二传

侧向二传是指第二个传球的球员正对着或者背对着球网从身体两侧进行传球的方式，这种传球方式适合距离球网比较近的情况，可以让进攻更加的突然，让敌方不容易发现，也可以进行第二次吊球。这种方式传球难度大，准确性比较差，不好控制。

侧向二传技术要点如下。

（1）采用稍蹲准备姿势，正对或背对网站立。

（2）击球点稍偏朝传出方向一侧。

（3）传球时，双臂朝传出方向一侧伸展，异侧臂的动作幅度更大些。

（4）上体朝传球方向做侧屈的动作，双手传送球，使球向侧方飞行。

5. 跳起二传

跳起二传是指二传球员跳起，并在空中传出二传球的技术动作。一些实力比较强的球队，为了能够让自己的进攻节奏和传球过程完成得更快一些，在两次传球过程中会使用跳起二传的方式。

跳起二传的方式主要有以下三种。

（1）跳起双手二传。其技术要点如下。

① 把握起跳时机，借助两臂向上摆动垂直起跳。

② 身体上升至最高点时击球。

③ 主要靠迅速伸臂和加大手指、手腕的反弹力将球传出。

④ 整个起跳、击球、落地动作保持身体平衡，避免触网。

（2）跳起单手二传（图 3-26）。其技术要点如下。

① 当球离网比较近时，负责二次传球的球员侧身起跳。

② 当球飞到最高点时，离网比较近的那只手向上抬，把球打出去。

③ 击球点在二传球员右前上方。

④ 用伸出手的方式，将整只手臂的力量作用在球上，把球向上弹起。

图 3-26　跳起单手二传

（3）晃传。二传球员跳起佯做扣球动作，而实际把球传给队友进攻的技术动作称晃传。其技术要点如下。

① 以扣球的助跑起跳动作移动起跳。

② 起跳后，佯做扣球动作，然后迅速转变为传球动作。

③ 在空中做假动作后，保持身体平衡，并将球转移传给队友进攻。

6. 倒地二传

倒地二传（图 3-27）是指二传球员传球后顺势倒地的技术动作。倒地二传分为后倒二传和侧倒二传。其一般在来球很低的情况下采用。

图 3-27　倒地二传

（1）后倒二传。其技术要点如下。

① 移动后蹲下，让身体重心向后移动到脚上。

② 在身体平衡时，把手臂向外伸出，将球传出去。

③ 接到球之后，借助惯性倒地，然后向后滚一圈离开场地。

④ 完成动作之后，用最快的速度站起来，保持身体平衡。

（2）侧倒二传。其技术要点如下。

① 通过大跨步的形式将重心向前移，同时朝球飞来的方向移动，把手放在球的下半部分。

② 击球时，击球点保持在面前。

③ 在身体即将失去平衡的瞬间，通过快速的旋转把球打出去，同时手臂要尽量伸直。

④ 打球后，通过倒地，将身位让出并快速站起。

7. 传快球

传快球是指二传球员传出高度低、节奏快的二传球的技术动作。传快球是二传球员依靠进攻球员的配合，在进攻战术运用中所采用的一种传球方法。二传球员应根据进攻球员的助跑起跳情况和一传来球情况，调节控制传球的落点和速度。

传快球技术要点如下。

（1）传近体快球。传近体快球是指当进攻球员在二传球员体前起跳时，二传球员传出稍高于网上沿的球的技术动作。

传近体快球技术要点如下。

① 网前稍蹲准备姿势。

② 传球时，击球点稍高，肘关节微屈，手腕后仰。

③ 传球时，主要靠手指和手腕的反弹力将球击出。

④ 当扣球球员跳起至空中最高点时，传出的球也到达最高点。

（2）传背快球。传背快球是指当进攻球员在二传球员背后起跳时，二传球员以背传的技术方法传出稍高于网上沿的球的技术动作。

传背快球技术要点如下。

① 传球前，二传球员侧身对网站立。

② 击球点保持在额上方，以拇指控制出球方向。

③ 击球时，手腕后仰，用手指、手腕反弹力将球传向身后。

（3）调整快球。传调整快球是指二传球员将一传不到位或离网较远的球，用传快球的方法传给进攻球员的技术动作。

调整快球技术要点如下。

① 传球前，移动到球下落趋势的地方要快，同时身体应该向右偏转一些，让身体的正面对着球。

② 当球落在自己的右前方时打球。

③ 传球时，应该让球从网的上面传出去，让它能够到达己方进攻球员的斜上方。

（4）传后排快球。传后排快球是指二传球员以快球的形式将球传给后排球员进攻的技术动作。

传后排快球技术要点如下。

① 准确判断后排球员助跑起跳的位置。

② 击球时，身体侧向进攻球员。

③ 传出球的高度比近体快球稍高，离网距离要根据后排球员的冲刺跳跃能力而定，一般距网 1~2 m。

（5）传短平快球。传短平快球是指二传球员为便于进攻球员在二传球员体前 2~3 m 处扣球而向前传出的快速短弧线球的技术动作。

传短平快球技术要点如下。

① 网前站立，稍蹲准备姿势。

② 击球点保持在面前，以便伸肘平推，使球快速向前平飞。

③ 击球时，手指、手腕伴有突然用力的动作，以便控制球的落点。

④ 扣球手起跳至最高点时，传出的球也到达扣球手击球最高点。

（6）传平拉开球。传平拉开球是指第二名负责传球的球员处于第二名球员和第三名球员之间的位置，向第四名球员的位置传球的动作，这种传球方式的速度比较快，弧度比较平，传球距离比较远，能够击球的方式比较多，攻击的区域比较大。

传平拉开球技术要点如下。

① 稍蹲准备姿势，站立网前。

② 击球前，缩小肘关节弯曲角度，以便击球时的用力。

③ 击球时，以蹬地、伸肘平推的动作加快球在地面上向前方平飞的速度。

④ 击球瞬间，手腕前推的同时稍有下压的动作，以限制球的飞行弧度。

（7）传背平快球。传背平快球是指二传球员以背传的技术方法向 2 号位平传拉开快球的技术动作。

传背平快球技术要点如下。

① 以网为参照物，凭方向感控制传球方向，凭手感控制传球弧度、速度和距离。

② 传球时，要迎击来球的下部，击球点后移，利用抬臂、翻腕、展腹和挺胸动作加快球传出的速度。

③ 传球时，传球速度和弧度要尽量固定，以便进攻球员选点进攻。

（8）传半快球。传半快球是指二传球员在快球掩护下，为组织第二点进攻而传出比快球稍高的战术球的技术动作。传半快球通常在组织各种交叉进攻战术时运用。

传半快球技术要点如下。

① 在准确判断快球进攻球员的起跳时间时做好传半快球的准备。

② 掌握合理的传球时机，在快球进攻球员起跳后将球传出。

③ 传出球的高度离球网上沿约 80 cm。

④ 传球后，二传球员转身后撤，以避让快球进攻球员向地上跳的落地动作。

（四）传球技术练习

在初步掌握传球的手掌形状、击球点、击球部位、击球用力后，可进行移动传球、变方向传球等练习。

1. 徒手传球练习

（1）传球的手掌形状练习。练习者在固定正确手形的基础上，反复做传球时手指、手腕的模仿动作。

（2）徒手模仿传球练习。练习者在镜前徒手做传球的完整动作，体会传球动作的用力顺序。

（3）移动徒手传球练习。练习者在交叉步移动后做徒手的传球动作练习，连续进行。

2. 定位传球练习

（1）两人一抛一传。一个人坐地，接另一个人抛来的球做传球练习。通过此练习，体会传球时出手的位置。

（2）连续自传。向自己头顶上方传球，高度不低于 80 cm。通过此练习，体会手臂、手腕、手指的发力。

（3）对墙连续传球。练习者面对墙，在距墙 2~3 m 处站立，连续对墙传反弹球。应根据球反弹力量的大小和方向来判断取位，提高准确击球的能力。

（4）两人长距离对传。两人面对面互相传球，可由 4 m 开始，然后逐渐加大距离，直至距离为 7~8 m。通过此练习，体会身体的协调用力。

3. 移动传球练习

（1）单人对墙前后移动传球。练习者对墙移动传球，从远到近，再从近到远；或传一个近的，传一个远的。此练习可提高传球时对球的控制能力及步法移动的熟练程度。

（2）两人移动传球。两人在进行对传中，移动触摸中间放置的物体或中间画的一条线，以扩大移动传球时的视野。

（3）四人三角跑动传球。四人一组，呈三角形站立，沿逆时针方向传球，传球后沿传球路线跑至另一个角，依次进行，以提高移动传球的能力。

五、排球运动的扣球技术与动作方法

（一）基础扣球动作技术

1. 单脚起跳扣球

单脚起跳扣球（图 3-28）是在助跑的最后一步，第二只脚直接向上起跳来扣球的方式。这种单脚起跳方式跳得较浅，整个起跳过程被缩短，其他速度要快于双脚起跳，在空中能够自由移动，因此能够更大面积地控制球网，瞬发性较强。单脚起跳扣球有时也可以用在双脚起跳扣球时间不足的情况。

图 3-28　单脚起跳扣球

单脚起跳扣球技术要点如下。

（1）准备姿势与助跑。球员稍蹲准备，采用一步、两步或多步的助跑，助跑路线与网的夹角宜小不宜大，甚至可以顺网助跑，以免前冲过中线。

（2）起跳。在助跑后，左脚跨出一大步，向后倾斜身体，在同一时间内完成右腿向前上方摆动和左腿的快速起跳，与此同时，双臂向上方摆动助跳。

（3）空中击球。起跳后，扣球与起跳双脚正面扣球的动作是相同的。

2. 双脚冲跳扣球

双脚冲跳扣球是指助跑后，球员向前上方起跳，而且在空中有一段位移，击球动作在空中移动过程中完成的技术动作。双脚冲跳扣球在后排进攻和空间差中运用较多。

双脚冲跳扣球技术要点如下。

（1）助跑第二步稍小，避免身体后仰，减小制动力。

（2）双脚向后下方蹬地，使身体产生一个向前上方的冲跳力。

（3）腾空后抬头、挺胸、展腹，形成背弓。

（4）击球时，快速收腹、挥臂，并用手腕推压击球的后中部。

（5）落地后，迅速控制身体平衡，避免前冲力过大而导致触网。

3. 小抡臂扣球

小抡臂扣球（图 3–29）是指扣球时肘关节围绕肩关节回旋做加速挥臂击球的一种击球方法。这种扣球，从抡臂到击球，手臂始终是沿着圆弧运动的，抡臂动作连贯、协调，便于发挥手臂的挥动速度。

图 3–29　小抡臂扣球

小抡臂扣球技术要点如下。

（1）右臂屈肘摆至胸腹之间便不再上摆。

（2）击球时，以肩关节为轴心，肘关节围绕肩关节由后下方向前上方做回旋摆动。

（3）当肘关节摆至肩关节侧后方时，整个击球动作与正面扣球相同。

（4）击球点保持在右肩前上方。

（5）击球瞬间，右肩尽量向前上方伸展，使手臂向上伸直，以保持在最高点击球。

4. 勾手扣球

勾手扣球（图 3–30）是指球员跳起来时在空中旋转身体，然后用身体旋转的力量将手臂甩起来把球击飞出去。

图 3–30　勾手扣球

勾手扣球技术要点如下。

（1）起跳前，要先跑一段距离，借助惯性跳起来，并根据起跳的力量调整在空中的动作和肩膀的转动角度。

（2）在双脚离开地面之后，要将身体重心下移，并且稍微转动身体。

（3）首先将右臂提升到面前，然后是身体侧面，最后通过调整手的姿势准备击飞排球。

（4）当球在身体的正上方时，将球击飞。

（5）击飞球时，通过身体的旋转和腹部肌肉的收缩带动手臂，用手掌打击球的后半部分，完成动作。

（二）高级扣球动作技术

1. 扣近网球

扣近网球是指击球点距网 50 cm 左右的扣球。扣近网球一般使用正面扣球的动作方法。扣近网球的特点是击球点高，路线变化快，力量大，但容易被阻挡。

扣近网球技术要点如下。

（1）垂直起跳，以免向前冲太多，造成过网或过中线犯规。

（2）起跳后，主要运用胸部的作用力，以肩为轴，向前摆动上臂，用手掌托住球后上方。

（3）击中球后，要收回手臂，防止犯规。

（4）落地时，腹部轻微收缩，控制身体平衡，避免因和球网的距离太小造成触网犯规。

2. 扣远网球

扣远网球是指击球点距网 1.5 m 以外的扣球。这种扣球因距网较远，进攻角度大，球飞行线路较平，对方不易拦网。

扣远网球技术要点如下。

（1）尽量加大挥臂时的动作幅度。

（2）击球点保持在右肩前方最高点以上。

（3）用满掌掌背正中击球。

（4）击球瞬间，手腕要有清晰的推挤动作，使球旋转出去。

3. 扣调整球

扣调整球是指把球从后场调整到网前。一般情况下很难调整球，要求球员要适应球在后场不同的方向、角度、弧度、速度和下降点，以及调整地点等不同的因素条件下做出的调整，并使球和网能够灵活配合，使用不同的方法来控制发球力量和球的方向、路线、下降点。

扣调整球技术要点如下。

（1）在助跑的同时，观看二传球情况。

（2）传球角度比较小，为了做到这一点，可以有适当助跑。

（3）在击飞球的瞬间，要向上方推一下球来达到调整的目的。

4. 扣快球

扣快球是指扣球球员在二传球员传球前或传球的同时起跳，并迅速把二传球员传来的球击入对方场区的方法。这种扣球速度快、时间短、突发性强、牵制性大，能在时间上争取主动。

扣快球技术可分为以下十种。

（1）扣近体快球。扣近体快球是指进攻球员在二传队员体前起跳，打击二传传出的稍高于网上沿的球的技术动作。扣近体快球的特点是距离短、速度快、节奏快，增大对方拦网难度。

扣近体快球技术要点如下。

① 随一传球员传球的飞行助跑到网前。

② 当二传球员传球时，扣球球员在其体前或体侧近网处迅速起跳。

③ 起跳后，控制身体的平衡并快速挥臂。

④ 打击球时，要借助胸部肌肉收缩的力量来将手臂甩起来，达到击球的目的。

（2）扣背快球。扣背快球是指在二传球员背后约 50 cm 处扣快球的技术动作，这种扣球与扣近体球的特点相同。

扣背快球技术要点如下。

① 随一传球员传球的飞行助跑到二传球员背后。

② 当二传球员传球时，扣球球员在其体后或体侧近网处迅速起跳。

③ 空中击球动作与扣近体快球技术动作相同。但因来球方向不同而使动作难度更大。

④ 由于其扣球不在二传球员视野范围内，因此需要扣球球员与二传球

员的默契配合。

（3）扣短平快球。扣短平快球是指在二传球员身前 2 m 左右处，扣二传球员传过来的高速平快球的技术动作。一般适用于场地大、空间比较充足的情况。有利于避开拦网。

扣短平快球技术要点如下。

① 随一传球员传球的飞行助跑到二传球员身前约 2 m 处。

② 一般采用外绕或小于 45° 角助跑。

③ 在二传球员传球的同时起跳，并挥臂截击平飞过来的球。

④ 扣球手法与扣近体快球相同。

（4）扣背短平快球。扣背短平快球是指在二传球员背后 1.5 m 处扣背传过来的高速短平快球的技术动作。这种扣球的特点与扣短平快球相同。

扣背短平快球技术要点如下。

① 随一传球员传球的飞行向二传球员背后起动助跑。

② 采用外绕或小于 45° 角助跑至二传球员背后约 1.5 m 处。

③ 空中击球动作与扣短平快球技术动作相同。

④ 由于其扣球不在二传球员视野范围内，且距二传球员较远，因此更需要扣球球员与二传球员的默契配合。

（5）扣半快球。扣半快球是指在二传球员附近起跳，扣超出网口约两个半球高度的球的技术动作。扣半快球一般用于交叉进攻，特点是击球点较高，有利于看清拦网球员的手和对方的防守布局，易运用各种避开拦网的扣球手法。

扣半快球技术要点如下。

① 在二传球员出手后再起跳。

② 扣半快球击球动作与近网扣球动作相同。

③ 在战术配合中，注意快球球员的起跳时间和位置，避免碰撞。

（6）扣背平快球。扣背平快球是指在二传球员背后 2 m 左右处，扣背传过来的快速平快球的技术动作，也称“背溜”。扣背平快球的技术动作与扣背短平快球一样，不同的是其二传球的距离比扣背短平快球长。

（7）扣调整快球。扣调整快球是指在一传不到位的情况下，扣二传调整到网口的快球的技术动作。这种传球技术就是根据第二名球员的站位，控制自己各种动作的选择时间，在最好的时间起跳或者击球来达到目的，根据现场的情况进行判断，用手掌把球压入对方的区域。

（8）扣远网快球。扣远网快球是指传球时，在距离网 80 cm 时，跳起来打球的后半部分，这个打球动作一般情况下需要助跑和向前的冲跳，让身体在离开地面之后有往前冲的趋势，在距离球网只有 2 m 时跳起来，打球时，肌肉要收缩，以便提供打球的力量，最后要在头部上方打球，让球旋转通过球网。

（9）扣后排快球。扣后排快球主要靠快速起跳打球，在距离进攻线比较远的后方，由后排球员完成打球的方式，一般在后方就开始助跑，在 2 m 远的地方起跳并击飞排球，击球时要用比较大的力量将球推出去，让球上旋飞过球网。

（10）扣单脚快球。扣单脚快球是指以单脚助跑起跳方法进行扣快球的技术动作。其助跑起跳方法在单脚起跳扣高球的基础上，加快了助跑节奏，其空中击球动作与扣近体快球相同。扣单脚快球的灵活性强，一般情况下，既可以从 3 号位向 2 号位助跑，也可以从 4 号位向 3 号位呈一定角度助跑，最终在中间位置扣短平快球。

（三）扣球练习方法

扣球动作技术环节较多，初学者必须先进行分解动作练习，其练习顺序为原地徒手挥臂击球动作练习—助跑起跳练习—完整扣球动作徒手练习—结合球练习。

1. 徒手扣球练习

（1）徒手挥臂击球练习。选一空地，两脚前后开立，连续做徒手挥臂击球练习。

（2）徒手助跑起跳扣球动作练习。选一空地，首先做两步助跑练习，然后结合起跳做助跑跳练习，最后结合击球动作做完整助跑起跳扣球动作练习。

（3）助跑打树叶练习。练习者选择适宜高度的树叶，进行一步或两步助跑起跳，以扣球技术动作方法打树叶。

2. 扣固定球练习

（1）扣举固定球练习。两人一组，一个人手持球高举固定于头上，另一个人挥臂扣固定球。通过此练习，体会扣球动作。

（2）一抛一扣练习。两人一组，相距 3 m，一个人准确抛球于另一个人体前上方，另一个人挥臂扣击球。

（3）网上扣固定球练习。一个人站在网前高台上，高举固定球，练习者助跑起跳扣球。

3. 扣球动作练习

（1）对墙扣球练习。一人一球，距墙 4~5 m，连续对墙扣反弹球。通过此练习，体会选点扣球技术。

（2）自抛自扣练习。练习者在挡网或挡墙前约 6 m 处，自抛球于前方，同时助跑起跳扣抛出的球。通过此练习，体会扣球的空中动作。

（3）上网扣自抛球练习。练习者站在限制线后，向网前上方抛球，同时助跑起跳，将抛出的球扣至对方场内。

六、排球运动的拦网技术与动作方法

（一）单人拦网动作技术

拦网是指球员靠近球网，将手伸向高于球网处阻挡对方来球的技术动作。拦网是防守的第一道防线，可以削弱对方强有力的进攻，减轻后排防守的压力，是反攻的重要环节。单人拦网是指球员在合适的时机起跳后，在空中利用双手阻挡对方来球的技术，也是其他拦网技术的基础。

拦网动作由准备姿势、拦网移动、拦网起跳、空中击球和落地组成。

（1）准备姿势。面对球网，密切注视进攻球员的动向；两脚平行开立约与肩宽，距网 30~40 cm；两膝微屈，自然屈肘于胸前。

（2）拦网移动。拦网的移动步法可分为并步、交叉步、跑步等。并步移动是在球距离拦网球员不太远时使用；交叉步移动是在球距离拦网球员很远时使用；跑步移动是在球距离拦网球员很远时使用。无论采用何种移动步法，在制动时，双脚脚尖均要转向球网。

（3）拦网起跳（图 3–31）。一般情况下，拦网球员应迎着扣球球员的助跑路线起跳。

图 3-31　拦网起跳

球员原地起跳和并步移动起跳时，面对球网的摆臂动作有两种：一种是两臂经两侧画弧摆臂，带动身体向上跳起；另一种是双手从胸前平行球网向上伸臂带动身体跳起。交叉步移动和跑步移动的起跳在移动后身体半侧对球网，采用前后摆臂起跳，空中转体面向对方来球。起跳时机主要根据二传球的情况、扣球球员及拦网球员的个人特点而决定，一般拦网球员的起跳时间稍慢于进攻队员的起跳时间。

（4）空中击球。起跳后，收住腹部和下颚；双手在额头前方向球网的上沿伸出；尽力上提两肩，伸直双臂。双手尽量在击球时朝对方的场区上方伸，在球快要接近时，自然张开双手，此时突然紧张手腕，使整个手掌呈勺形。当手快要接触到球时，两只手用力将球的上方盖住，尽可能地拦住球。

（5）落地。拦球动作结束后，自然下落到地面，缓冲双膝，为下一个动作做准备。

（二）集体拦网动作技术

1. 双人拦网

双人拦网（图 3-32）是指两人同时起跳、相互配合的拦网技术。这是一项组合技术，在单人拦网的基础上进行，通常由一名球员在原地进行拦网，另一名球员通过交叉步进行移动拦网。

图 3-32　双人拦网

双人拦网技术要点如下。

（1）准备姿势与单人拦网相同。

（2）移动时，一名球员根据对方二传球的情况确定拦网起跳位置；另一名球员以交叉步或滑步移动，向定位球员靠拢。

（3）起跳时，通常定位球员原地正面起跳，移动球员移动侧向起跳，起跳时间一致。

（4）起跳后，外侧拦网球员用外侧手向内包球，同时身体向内转，以协助双手将球拦回场内；另一名拦网球员动作方法同单人拦网。

（5）落地时，屈膝缓冲，外侧球员迅速转体，面向场内，并准备下一个动作。

2. 三人拦网

三人拦网是指三人同时起跳、相互配合的拦网技术。一般为一名球员原地或并步拦网，另两名球员采用交叉步移动组织成三人拦网。

三人拦网技术要点如下。

（1）准备姿势与单人拦网相同。

（2）移动时，一名球员根据对方二传球的情况确定拦网起跳位置；另两名球员以交叉步或滑步移动，向定位球员靠拢。

（3）起跳时，通常定位球员原地正面起跳，移动球员移动侧向起跳，起跳时间一致。

（4）起跳后，外侧拦网球员用外侧手向内包球，同时身体向内转，以协助双手将球拦回场内；中间拦网球员动作方法与单人拦网相同。

（5）落地时，屈膝缓冲，两外侧球员迅速转体，面向场内，并准备下一个动作。

（三）拦网练习方法

拦网动作技术环节较多，初学者应首先进行分解动作练习。其练习顺序应是：原地拦网手形练习—移动步法练习—完整拦网动作徒手练习—结合球练习。

1. 徒手拦网练习

（1）双人连续起跳拦网。两练习者隔网面对面站立，按照拦网技术动作要求，连续做原地起跳拦网技术动作练习，并在空中两手相击。

（2）原地起跳双人拦网。两练习者分别按照单人拦网动作方法要求，于网前同时起跳拦网。

（3）三人拦网。两侧练习者向中间练习者移动，组成三人拦网。

2. 拦固定球练习

（1）原地起跳拦网上固定球。一个人站于网一侧高台上，双手持球于网上沿；另一个人原地起跳拦网。

（2）双人拦高台固定球。一个人在高台持球于网上沿，两名练习者于对场原地起跳拦网触球。

3. 移动拦网练习

（1）移动拦低抛球。两人一组，一个人抛球至练习者头部前上方左右1 m处，另一个人以一步移动，举双手作拦网手形拦击来球练习。

（2）移动起跳拦抛球。两人一组，隔网，一个人抛低弧度球至网上沿；另一个人移动起跳拦网。

第二节　排球运动的战术及其实战技巧

“体育运动的发展要依靠技术的革新，排球运动是一项集体运动，团队的拼搏精神很重要，但个人的技术也是非常重要的，教练员的技战术也是必需的，这几项结合在一起能提高排球项目的成绩。”[①] 排球运动是一项争夺激烈的球类运动，是一场体力、战术、技巧的较量。根据我国运动员的运动特点，只有加强战术训练及综合练习，才能赢得比赛。

一、排球运动战术的理论分析

（一）排球运动技战术指导思想的演变

排球技战术的指导思想应该符合排球运动的客观规律，适应排球运动发展的趋势。正确的指导思想来源于运动训练与比赛实践，又反过来指导训练与比赛实践，并在实践中不断丰富和发展。

我国排球技战术指导思想的确立是经过长期实践的。我国排球主管部门逐步地认识排球运动的规律，特别是经过国际排球比赛的锻炼，在总结经验和教训的基础上逐步完善和发展，探索出一条适合我国排球运动发展的道路。我国在排球运动的不同时期提出的指导思想也各有侧重。1955 年，国家体委召开了第一次运动员训练工作会议，提出了“积极主动、灵活快速”的技战术指导思想，这一指导思想不仅符合我国运动员的身体特点和技术特点，也体现了我国排球运动员继承 9 人制排球中“快板球”绝招。1958 年，国家体委在排球训练工作会议上提出了“技术全面、战术多样”的训练方针。“技术全面”是 6 人排球最基本的特点，“战术多样”是我国排球技术的发展方向。1972 年，进一步地明确了技战术指导思想，提出“在技术全面的基础上，以攻为主，积极防守，发展高度，坚持快速，密切配合，实现快、狠、准、变”。这一指导思想的提出是我国排球运动发展中经验教训的结晶。1978 年，重新修正了我国排球运动的技战术指导思想，即“在技术全面的基础上，发挥各队的特点，向全攻全守型发展，坚持快速，发展高度，狠抓扣、拦、发三项得分技术，力争网上优势；以全面、快速、高度、灵活、准确的打法，争取主动，夺取胜利”的新指导思想。它突出了“全攻全守”及防守反击的得分环节，对原先“以攻为主”的提法进行了修正，使之更有利于向高水平发展。1989 年，重新制定了新的技战术指导思想，即“技术全面、突出特点、准确熟练、快速善变、发

① 李大军．浅谈排球技术的发展问题和应对策略［J］．才智，2015（27）：355.

展高度、不断创新”。这一指导思想体现了排球运动需要技术全面、准确的基本规律，体现了当时排球运动朝高度、快速、多变和全攻全守方向发展的趋势，体现了排球比赛中网上争夺日趋激烈的趋势，也体现了发扬我国排球运动快速特点，以及要想在国际排坛上占据领先地位就必须不断创新的思想。这一指导思想仍然符合当今排球运动发展的规律，但随着新规则的实施，其内涵需进一步完善和发展，以适应排球运动的发展需要。

贯彻执行技战术指导思想，培养和树立技战术独特风格，还应正确地处理好当前要求与长远目标、国内比赛与国际比赛、独特性与多样性、继承与发展、学习与创新、技术风格与苦练基本功的关系。只有处理好各种关系，一切从实际出发，才能迅速提高排球运动整体水平。

（二）排球运动战术选择的依据

战术是制胜的重要方法，任何一个球队都十分重视本球队所用战术的先进性和实效性。战术有难易之分，自然是简单易行的进攻容易应对，复杂而变化多端的打法则不易防守。掌握复杂的战术需要有一定的条件保证，高效的战术并不是每个球队都能掌握的。

选择战术需要遵循以下依据。

（1）球队的技术与素质水平。战术是一个球队的关键所在，但战术的实施需要扎实而全面的技术，以及良好的身体素质做保障。只有拥有良好的身体素质，才能让精湛的技术得以发挥；只有以精湛的技术做基础，才能让高超的战术得以展现。反之，即使有运用高级战术的愿望，也会力不从心。因此，一个球队选择运用战术，离不开球员的身体素质和基本技术等基础条件。同时，战术对球员的技术和身体素质也有一定的促进作用，但这个作用是漫长的，并不能一蹴而就。

（2）贯彻球队的指导思想。不同地区的球队，其风格、打法、习惯和传统都不尽相同，这些常常是形成指导思想的重要因素，因此，各球队实际上都拥有各自的指导思想。而这种切合自身的指导思想，正是各球队选择战术的依据。例如，在五种风格流派时期，世界排坛至少有五种典型的指导思想作为选择战术的依据。20 世纪 80 年代，世界排坛处于快速战术化时代，各球队都确立了快速多变的指导思想。即使这样，各国的打法也不尽一致，这说明，虽然是战术化时代，但由于各球队主观因素不同，战术打法也会随之而异。

（3）对对方适应的程度。排球比赛的目的要求球员通过观察对方对战术的适应程度来发现现阶段战术的实际效果，并及时调整战术，从而扬长避短，取得胜利。例如，若对方很适应第二板进攻，就应及时增多第一板实扣的数量；而当对方注意阻挡第一板进攻时，应及时将战术改变为一板、二板结合，互为掩护地进攻。战术的变化始终要走在对方适应的前头。

（4）从球员的特长考虑选择战术。即使是长时间接受同一名教练员训练的球队，球员间的技术也不会完全一样，换言之，每名球员都有特长之处，这一点是教练员应细心观察发现和培养的。有时候，某两名球员在长期的训练中自发地形成了某种打法或配合，这些也可能发展为特点。教练员抓住这些特点，就等于抓住了球员最积极的东西。只要这些东西不完全违背球队的战术指导思想，就可以考虑把这些特长组成配合。还可以把某些已有的打法或配合纳入球队的战术体系之中，这样，不仅可以更好地调动球员的积极性，而且可以加快球队战术成熟的速度。

（5）考虑到战术的发展和变化。在具体的比赛中，战术瞬息万变，并且这种变化具有阶段性，因而战术的选择要不断地进行调整。如果选择的是走在当前战术发展势头之前的战术，球员的技术水平虽然暂时跟不上，但没有太大的差距，而且由于选用了先进战术，反过来对技术的提高又起到了刺激作用。

另外，在战术发展过程中也可能出现某种偏向，这要求教练员要有鉴别和判断的能力，在选择战术时，不受其偏向的干扰。

（三）排球运动集体战术组成的核心

我国是排球运动最早运用快速战术的国家，多年的实践经验使排球领域把接发球看作比赛能否取胜的“生命线”。在世界排坛走向战术化的今天，更多的人认识并承认了这一点。要打战术的球队就必须打好一传基础，对于接发球的重要性，各球队一直认识得比较清楚。而对于接扣球的重要性，多数球队则是近年才认识到的。现在，球员和教练员都认识到：没有接扣球的保证，也就没有得分的保证。

排球运动集体战术组成的核心如下。

（1）快速战术的中心：熟练的第一板配合。在各种快速战术配合中，其中心环节是熟练的第一板配合。第一板传、扣间的配合只有达到极其熟练的程度，才能加快配合的速度和提高配合的组成率。熟练的第一板配合能成为快速战术的核心，是因为它同时具有突破和掩护两种功能。

随着时间的推移，从20世纪中叶到现在，第一板配合的突破方式有了显著提升，突破能力突飞猛进，掩护作用也愈发强大。在第一板配合中，二传球员可被视为“战术的灵魂”，这是因为不论每一次球如何组攻，都将随二传球员的意志来进行。因此，人们常把二传球员比作教练员在场上的化身。对于二传球员的选拔和培养，必须列为球队训练工作中最重要的问题之一。

（2）主、副攻灵活进攻战术变化丰富。在排球领域，凡是平快的第一板进攻，都由副攻手来完成；高球强攻突破的任务，则由主攻手来承担。但是，随着排球战术的发展，到了20世纪80年代，这种“机械的分工”方式已陈旧。一种主、副攻都能打快攻和打强攻的新型战术设计出现在比赛中。例如，中国女排的主攻手郎平在退役之前，不仅仍然保持世界一流的主攻手的扣球杀伤率，而且能出色地参加快速配合进攻。

主、副攻都能参加快攻配合，迫使对方快速拦网的范围加大，不仅增加了对方拦网的难度，而且使得战术更加变幻莫测，使战术内容更丰富。目前，一些强队的主、副攻能灵活地参加快攻和强攻，使球队战术更扑朔迷离。

二、排球运动战术的特点

排球运动战术，指比赛双方在比赛中根据排球运动的规则、排球运动的规律和双方的具体情况，有意识地运用所掌握的各项技术，采用的有目的、有预见性、有配合的行动。

多年来，排球运动的竞赛规则不断革新，所产生的导向作用促进了排球运动的自身改革，排球运动战术的不断发展是使排球运动充满活力、高质量发展的重要动力。

首先，从竞技运动的角度来看，多得分、少失分的比赛目的对球员的技术特点、身体素质、比赛经验等提出了较高的要求，因而有针对性地选择战术显得尤为重要。一名训练有素的球员要会分析对手的战术优劣，找到有效的抵御策略；同时能够洞察赛场局势，做出正确的战术判断，从而采取针对性行动，取得胜利。

其次，从控制论的层面出发，战术行动以寻找目标为目的，要求球员既能准确找出最有利目标，又能在完成过程中对其进行不断完善。球员和球队的水平越高，战术意识就越重要，战术训练在整个训练中的地位也越突出，因此，对球员进行启蒙式的战术意识培养尤为关键。

（一）以基本技术为基础

技术是战术的基础，也是战术的组成部分，又是战术的表现形式。高质量战术离不开高水平技术的支撑，因为高水平技术是高质量战术产生和运用的前提，而高质量战术也是高水平技术得以提高和发展的推力。同样，新颖战术的产生也势必会伴有新技术的诞生。例如，在出现了快球技术后，比赛中就有球员运用快球战术。各种快球战术的发展，不断要求技术的进一步完善，甚至促成新的快攻技术的产生。

防守中，技术也是基础。例如，在未掌握鱼跃救球、摔救、前扑等技术时，防守吊球主要依靠“心跟进”“死跟”等战术形式来解决。当鱼跃救球等技术为球员所普遍掌握后，“活跟”战术才得以广泛地运用和发展。

（二）进攻与防守转换迅速

排球的攻防转换速度虽然不及乒乓球、羽毛球等球类运动项目，但在“三大球”中是最迅速的。从接（防守）对方发球和扣球开始，球员就已酝酿着进攻，一接起球，进攻就开始了。攻防速度快是排球运动相对于乒乓球、羽毛球等球类运动项目的突出特点。一般情况下，在几秒或十几秒内完成几次攻防的转换，是一名排球球员必备的素质。但由于攻防速度转换较快，许多预定的战术在运用时显得棘手，因此，需要球员结合具体情况，迅速调整，不断创新，随机转换出新的配合战术，以赢得比赛。

（三）个人依靠集体发挥作用

所有的集体项目的成功都是在发挥个人作用的前提下实现的。这一特点在排球运动的扣球上显得更加突出。由于排球运动的规则不允许任何人连续两次控制球，从而决定了配合在排球比赛中的地位和作用。任何技术高超的球员，都只有在队友的配合下，才能施展个人的本领。排球战术的特点就是依靠集体合作，在集体合作的基础上，充分发挥个人的技术。

在排球比赛中，除了运用发球个人战术是独立作战，其他任何攻防战术的运用都需要同伴的配合，配合为球员提供了发挥才能的机会。此外，最后一击者的个人战术意识和技术能力也是决定性因素。例如，组织一次反击配合，其效果要看扣球球员的能力。所以排球战术的特点不仅要求球员技术要全面（技术全面才能自如地处理各种复杂情况，提高配合的组成率），而且要绝招突出，特别是进攻球员要掌握特别技术，这样才能保证战术配合的质量。

三、排球运动的攻防战术认知

根据比赛规则，结合赛场具体情况，采取有效的战术，这是排球战术对球员所提出的基本要求。因此，球员在选择战术时，既要结合自身实际，形成自己的风格，也要根据对方特点及临场情况，及时调整战术，掌握比赛主动权。

（一）阵容配备

结合实际，在集中全队力量的同时，最大限度地发挥每一名球员的优势，从而形成最强的阵容配备。阵容配备的组成人员有主攻手、副攻手、二传手。

常用阵容分为“三三”“四二”“五一”配备等形式。

（1）“三三”配备。由3名攻手和3名二传手组成的阵容，1名攻手和1名二传手交替站位。这样的布局适合初学者和一般水平的球队。

（2）“四二”配备。将4名攻手（其中2名主攻手和2名副攻手）和2名二传手安排在对称的位置上。

（3）“五一”配备。5名攻手和1名二传手。“五一”配备通常出现在一些水平较高的球队中，这种阵容配备是用来防止主二传手来不及传球所出现的被动局面。

（二）场上位置与轮转

排球场按照逆时针方向划分出6个位置，其中2，3，4号位是前排球员，5，6，1号位是后排球员，在发球轮转时，按照顺时针方向行进。

（三）场上角色的职责

（1）主攻手。主攻手在比赛中主要担任攻坚任务，负责在困难的情况下突破对方的拦网，在比赛中担任主要的责任。主攻手大部分在4号位及2号位或后排扣中、远网球和调整球。

（2）副攻手。副攻手主要以快、变、活等进攻手段突破对方的拦网。因此，副攻手要擅长打各种快球，并能积极跑动掩护，给其他攻手创造有利的条件。副攻手同时是主要的拦网球员，既负责拦截对方中间的进攻，又负担通过迅速移动配合两侧拦网球员的任务。

（3）二传手。二传手是战术进攻的核心，要根据临场情况，随机应变，合理地组织各种战术进攻。

（四）场上交换位置

根据比赛规则，在一场比赛中，场上球员的位置在发球后可任意交换，但后排球员不得在前排进行进攻、拦网行为。在这样的规则下，大部分球队采用专位进攻、专位防守。场上交换位置具体表现为：前排的主攻手交换到4号位，副攻手交换到3号位，二传手交换至2号位，以便于更好地进攻和防守；后排的主攻手交换至5号位，副攻手交换至6号位，二传手交换到2号位，“自由人”替换副攻手到5号位，以便于更好地防守及行进间安插，从而形成前后排的立体进攻。

（五）攻防转换与“自由人”的运用

1. 攻防转换

在排球比赛中，攻与防具有密切联系，二者之间相互转换、连续进行。就此项技术而言，它具有攻与防的双重含义。就发展趋势而言，它要求球员做到全攻全守、攻防兼备。因而在排球比赛中，作战双方在战术的选择上应注重攻与防的联系及转换，做到攻中有防、防中有攻。只重进攻，不重防守或者只重防守，不重进攻都可能贻误战机，导致失败。因此，想要在比赛中处于主动地位，就应该攻防兼备。

2.“自由人”的运用

排球运动竞赛的规则规定“自由人”作为一名专职防守球员而上场，只需经过一次发球比赛过程，在前场进攻限制线与底线之间的场区自由与场上球员交换，无需通过裁判员，而且换人次数不限和不计入正规换人次数。“自由人”的主要任务是接发球和后排防守。因此，正确而合理地运用“自由人”是战术的一个重要方面。

“自由人”的出现，使后排防守发生了很大的变化，首先应选用接发球和后排防守水平较高的球员担任“自由人”。比赛中，当主要进攻球员体力下降或接发球水平较差并轮到后排时，及时替换“自由人”进行补充，可极大地增强防守能力。

四、排球运动的进攻战术

（一）个人进攻战术

在比赛过程中，球员可根据场上具体情况，结合自身特点，运用个人技术和战术进行进攻。一般情况下，较常见的个人战术有发球、二传、扣球等。

（1）发球个人战术。它是根据临场情况，针对不同对手的接发球能力，而选择发出不同性能的战术球，从而破坏对方一传，削弱或压制对方进攻，为球队获取胜利创造有利条件。

（2）二传个人战术。它需要二传手充分利用空间、时间及动作上的变化，通过一系列的进攻战术，为扣球球员创造有利的扣球条件，使对方难以防御。

（3）扣球个人战术。它要求扣球球员根据对方的拦守情况，选择有效的扣球路径，从而突破对方的防守。

（二）基本集体进攻战术

1. 进攻阵形战术

进攻阵形是指进攻时所采取的组织形式。目前，排球理论界根据二传手在场上所占据的位置，对进攻阵形的分类提出了新的观点，将进攻阵形战术划分为“中二传”“边二传”“插上”。

（1）“中二传”进攻阵形：1 名前排或后排球员在前排中间位置做二传，组织其他球员进攻的阵形。

（2）“边二传”进攻阵形：1 名前排或后排球员在前排 2 号位做二传，组织其他球员进攻的阵形。

（3）“插上”进攻阵形：二传手由后排“插上”前排做二传，组织攻手进行进攻的战术形式。其优点是能保持前排三点进攻，进攻点和战术配合变化多，进攻的威力较强，但对“插上”二传手的要求也更高。

运用“插上”战术的学习要点主要包括以下五个方面。

① 为了使“插上”二传手能尽快地插到网前，并且不影响他人接发球，“插上”二传手一般站在同列队员的侧后方，以便缩短“插上”距离。

② 对方发球球员击球后，应立即“插上”，慎防起动过早而造成位置错误。

③ 运用“插上”战术时，前排 3 人应该都具有一定的进攻能力，并能扣各种跑动进攻球。

④ 二传手在“插上”过程中，应有接一传的思想准备，对方很可能通过发球破坏“插上”。

⑤ 反攻中应加强对对方情况的分析和判断，当发现对方推攻时，应在呼应邻近队友补位的同时，迅速进行行进间“插上”。

2. 进攻打法战术

进攻打法是指二传球员与进攻球员之间所组织的各种进攻配合，包括强攻、快攻和两次球进攻三种基本打法。其中强攻是较为简单、较为基本的进攻打法。

强攻是指在没有同伴掩护的情况下，在对方有准备的拦防情况下，强行突破的进攻。强攻的二传球较高，根据不同的二传球位置，主要可以分为以下五种强攻打法。

（1）集中进攻。距离标志杆 1~2 m 的 4 号位和 2 号位的集中而不拉开的高球进攻。这种打法容易掌握，适合初学者和水平较低的球队采用，但容易被对方两人或三人拦网。

（2）拉开进攻。二传球员将球传到标志杆附近进攻的打法。拉开进攻可以扩大攻击面，以避开拦网，有利于线路变化及打手出界。

（3）围绕进攻。围绕跑动换位的目的是发挥扣球特长，避开对方拦网的有效区域。例如，进攻球员从二传球员前面绕到后面去扣球，称为“后围绕”进攻。

（4）调整进攻。当一传或防起的球不到位，球的落点离网较远时，由二传球员或其他球员把球调整到网前有利于扣球的位置上进行强攻的打法。

（5）后排进攻。后排球员在进攻线后起跳扣球，称为后排进攻。

（三）高级集体进攻战术

1. 快　攻

快攻是指进攻球员扣二传球员传出的各种快球、平球，以及用这些平快球作掩护所组成的各种战术配合。其特点是速度快、瞬发性强、掩护作用大，有利于球员争取时间、空间和组织多变的战术。快攻有前快、背快、短平快、背溜、平拉开和调整快等。

2. 快球掩护进攻战术

快球掩护进攻类似于人们经常提到的“声东击西”，即一般利用各种快球吸引对方拦网，由其他攻手实施真正的进攻。

五、排球运动的防守战术

（一）个人防守战术

1. 一传个人战术

在比赛中，为了组织球队的进攻战术，球员往往会根据具体情况进行有目的性的垫击。但进攻战术多样，要求也不同，因此一传的方向、弧度、速度、落点和节奏等也随之不同。

2. 拦网个人战术

在比赛中，拦网球员需要根据具体情况选择准确的起跳时机，制订合理的空中拦网高度和拦击面，以及通过手形动作变化等来实现有力拦网。

3. 后排防守个人战术

后排防守一般难度较大，具有更大的随机性和突然性。因而要求防守球员能精确判断防守位置，进行有效的击球动作，以达到防守目的。

（二）基本集体防守战术

1. 接发球站位阵形战术

5 人接发球站位阵形是指除了 1 名二传球员站在网前或后排“插上”者不接发球，其余 5 名进攻球员都肩负一传的任务。这是最基本的阵形，适合水平较低的球队采用。一般分为 W 形站位和 M 形站位。

（1）W 形站位。W 形站位（也称“一三二”形站位）是指二传球员后排“插上”或站在网前准备组织进攻，前面 3 人接前区球，后排 2 人接后区球，位置分布均匀，职责分明。当配合不够默契时，会出现三角地带难接区，产生互相干扰、互抢或互让的现象。

（2）M 形站位。M 形站位（也称“一二一二”形站位）是指二传球员后排“插上”或站在网前准备组织进攻，前面 2 人接前区球，中间 1 人防守中区，后面 2 人接后区球，位置分布更加均衡，分工明确，职责清晰。其有利于接发到边、角的球，但不利于接发集中落到场地中、后区的大力球、平冲飘球等。

2. 接扣球防守阵形战术

比赛中，往往结合球队球员特长及对方进攻情况，利用前排拦网与后排防守相配合，进行防守式反攻，这类战术称为接扣球防守阵形战术。

（三）高级集体防守战术

1.4 人接发球阵形战术

4 人接发球站位阵形是指“插上”二传球员与同列的前排进攻球员均站在网前不接发球，其他 4 人站成弧形接发球的站位阵形，分为浅盆形站位阵形、深盆形站位阵形和一字形站位阵形。

这一战术有利于后排的二传球员与不需要接球和发球的进攻球员打快球，以及进行换位强攻，但这一战术对接球及发球球员的要求甚高，判断能力、移动能力及高超的发球技术缺一不可。

（1）浅盆形站位阵形。当对方发球落点靠后、速度较快时，常采用这一阵形。

（2）深盆形站位阵形。当对方打出下沉球及长距离飘球时，常采用这一阵形。该阵形具体表现为接球球员与发球球员均匀地分散在场内。

（3）一字形站位阵形。对方打出跳发球、大力球及平冲球时，常采用这一阵形。

2. 接扣球阵形战术

接扣球的防守战术是由前排拦网与后排防守两部分组成的，二者是不可分割的有机整体，相辅相成，相互弥补。

拦网是防守的第一道防线，是反攻的重要环节。比赛中主要采用的是集体拦网的形式，其中包括双人拦网和三人拦网的防守阵形。

（1）双人拦网的防守阵形。其是由 2 人拦网、4 人防守的防守阵形，通常分为“边跟进”“心跟进”两种。

（2）3 人拦网的防守阵形。该阵形多用于对方高点强攻，不善于吊球时。其关键在于球员间的配合，一般以中间拦网手为主，两侧协同配合。

第三节　排球运动的核心稳定性训练

排球运动属于竞技类运动，对球员的核心肌肉力量要求较高，球员身体各个部位的肌肉的核心力量是否稳定、平衡会对比赛结果产生直接影响。而核心稳定性在一定程度上能够训练球员的身体姿态，在基于稳定和力量平衡的基础上，再去确保球员基础动作能够达到标准，从而有效地提高球员的运动能力。

排球比赛的现场经常会发生一些突发状况。对于球员来说，这是一场充满未知数的比赛，因此对球员的灵敏度、反应能力、随机应变能力都是一场极大的考验。因此，训练身体的核心稳定性就显得极其重要。

一、训练核心稳定性对球员的作用

核心稳定性是多数竞技运动最关键的因素，它能够帮助球员保持身体平衡，还能够保证专项技术动作得到充分发挥。此外，核心稳定性还是球员在发力时的关键因素，属于上肢和下肢共同用力的中心，在身体进行力量传输过程中，起着承上启下的作用。核心稳定性的核心领域就是身体中间的部位，其重点是腰椎、盆骨、髋关节这三个区域周围的肌肉、韧带进行锻炼后，能够逐渐改善身体的稳定性。对于球员来说，身体核心稳定性的变化对其做专业动作具有一定的影响，因此，训练核心稳定性是非常有必要的，其不仅能够协调球员的身体，而且能够增强身体的把控力及平衡能力，可使技术动作得到全面提升。

训练核心稳定性对球员有以下三个作用。

（一）保护球员的脊柱和盆骨

排球球员身体的稳定性主要依靠腰椎和盆骨来维持，因此，球员在进行核心稳定性训练时，对脊柱和盆骨的保护十分重要。身体中间的部位属于上肢与下肢衔接的重要纽带，在进行常规训练时，其不仅不会受到手臂及大腿的影响，而且会起到调节姿态和保持平衡的积极作用。

随着排球运动不断发展，排球比赛对球员身体的平衡性和稳定性的要求也越来越高。例如，在发球、传球、扣球、垫球等比较关键的环节中，一些球员由于身体核心稳定性较差，常常会出现重心不稳及身体摇晃等情况，从而影响比赛结果。因此，要注意对球员的脊柱和盆骨的保护。

（二）对球员肌肉爆发力的积极作用

身体的中间部位有着最强大的肌肉群，蕴含了较多的能量。在进行排球运动时，球员的肌肉发力，其身体中间部位就会将周围的肌肉群调动起来，将力量向身体其他部位传输，从而使身体各个部位的力量能够均等，进一步提高运动效率。球员在利用手臂挥动的力量进行发球、扣球等动作时，都要求具备较高的身体能量，那么，核心稳定性训练就是强化核心肌肉群的好方法。核心肌肉群发力时，动力链可以向球员的上肢进行能量输送，从而凝聚身体所有的力量，完成相对应的排球技术动作，充分确保日常训练的效果，进一步提高球员的综合素质。当一名球员进行核心稳定性训练后，其身体的上肢、下肢及整体躯干都具有较强的力量，其平衡性、稳定性也更胜一筹。不论是在发球还是在扣球等技术动作上，他们都要比其他未经过训练的球员能力强。

（三）减少运动产生的身体肌肉损伤及能量消耗

在排球训练中，球员身体能量的消耗非常大。球员靠近球并且脚蹬起来离开地面的瞬间，其腿部的支撑必须要最大限度地释放爆发力及速度，这个过程往往对身体能量有一定的损耗，并造成肌肉损伤。此时，对于经过核心稳定性训练的球员来说，其身体的平衡力和四肢的协调力都经过了非常好的锻炼，整体核心肌肉群较强，能够保障消耗最少的能量来完成最有质量、最有难度的技术动作。而且，长期训练核心稳定性能够使球员在比赛中正确而迅速地发力，让整个肢体的肌肉群都处于正确位置，从而减少不必要的肌肉损伤。而未经过核心稳定性训练的球员，在靠近球时，腿部一直不断移动，下肢肌肉始终处于紧张状态，消耗的能量较多却无法达到良好的运动效果，甚至会造成肌肉损伤。由此可见，训练核心稳定性对球员来说至关重要。

二、核心稳定性训练的应用

（一）脱离器械式的个人训练

这种训练属于单个人的核心力量训练。为了让球员可以更好地利用身体的核心肌肉发力，有效地控制自己的身体，训练中球员不可以借助任何相关器械。例如，仰卧屈膝举腿便属于此种训练。实际上，这种不借助器械的个人训练只是核心稳定性训练的初级阶段，所以，在排球训练中，大多数教练员会将其作为基础性（身体姿态）的核心稳定性训练。

（二）单一器械训练

这是在脱离器械式的个人训练基础上展开的利用单一器械训练核心稳定性的应用。单一器械训练的目的在于更大程度上地增加球员身体中深层次肌肉的参与度，并且在运动过程中利用对身体的有效控制来保持标准运动姿态。例如，在运动中借助平衡球、平衡板等轨迹练习器械来提升身体力量。随着球员身体力量及运动技能的有效提升，这种借助单一器械进行的训练可以代替传统的利用外部力量来支撑身体的核心力量训练方式。

（三）多种器械相配合的训练

选择多种器械配合使用的目的是可以有效地提高球员在训练中的整体难度，能够让他们在更好控制自己身体状态的基础上，保持身体的正确姿态。例如，球员在训练中，双脚或是单脚站在平衡板、健身球、稳定球等练习器械上，进行负重的力量训练，可以加强训练的难度，并有效地提高球员自身的核心稳定性。

（四）利用普拉提进行的训练

普拉提是将东西方运动特点结合的一种有氧运动。它既融合了西方肌肉、机能训练中的“刚”，也吸取了东方倡导的身心统一的“柔”，而且在选练场地和训练动作的选择上是自由的。在利用普拉提训练中，可以对自身的肌肉进行扩张，利用腹部进行呼吸，从而达到身与心的有效协调。因此，普拉提也被普遍认为属于中强度性质的肌肉群体参与的训练，它可以让球员切实体会到自己身体各个部位的肌肉群得到了有效舒展、有效收缩和合理控制。类似普拉提这种全方位加强身体和心肌的综合式力量的训练，既帮助球员保持身体的协调性与稳定性，也有效地保障了球员动作的标准性。

普拉提训练可以提高球员身体素质。腹部呼吸是普拉提训练中的基本动作，其既可以帮助球员严格管理自身身体，又可以让球员的大脑活跃起来。通过这种方式，球员更加积极、主动地参与训练，从而更高效地记忆各种关键的技术动作，真正做到巩固排球的作战技术。此外，球员的训练还要遵从“符合较小且次数较多”的要求。常见的训练有“静态训练”“动态训练”。通常，前者的训练时间为 20 ~30 s，后者的训练要求至少重复 20 次。采用这样的训练方式是为了增强训练的整体难度，有效地提高球员的训练效率，从而明显地提高球员的自身核心稳定性。

核心稳定性训练是球员增强个人体质的基本途径之一。更重要的是，它可以提高球员的综合实力水平。所以，核心稳定性训练是球员日常训练的重点，也是教练员特别注重的训练方向。在核心稳定性训练中，教练员需要针对球员的肢体运动特征对其进行训练，确保其在运动和比赛过程中能够时刻保持状态的稳定性和动作的标准性。但是，核心稳定性训练是一个有序且逐步发展的过程，所以，教练员需要按照不同球员的不同发展阶段来安排符合球员本身身体状况和自身能力的训练。

第四节　排球运动的心理素质训练

一、心理素质训练的作用

心理素质训练是指采用某种或某一系列的手段和方法对被训练者产生心理影响的活动过程。心理素质是球员或学生在学习、训练和比赛中控制、调节自己的生理活动与技术动作的主导因素。

心理素质训练的重要作用表现在以下四个方面。

（1）心理素质训练能够提高心理活动水平。心理活动水平太低，就不能对生理活动和技术动作进行有效的控制与调节，在这种情况下，即使球员具有较好的身体素质和技术水平，也不能充分发挥出来。如果心理活动水平过高，充足的生理活动能量会冲击心理状态，进而产生心理紧张，影响肌肉动作，使动作变形，造成训练或比赛的失误。

（2）心理素质训练能够有效控制心理活动强度。教练员在教学和运动训练中，要对球员进行一定的心理训练，使其心理活动水平适合于身体素质、技术动作的同步发展，以适应比赛的要求，始终维持身心力量的协调性。

（3）心理素质训练能够熟练掌握和改进动作技能。在体育教学和运动训练中，球员对运动技术的学习不单是对肌肉活动的训练，而且是对大脑的心理机能的训练，运动技术的学习过程实际是智力和体力活动结合的过程。

（4）心理素质训练能很好地消除疲劳，恢复体力。心理素质训练有助于球员消除疲劳和恢复体力。有关研究结果表明，大量的运动训练后，进行 5 min 心理自我调整训练，借助神经与肌肉之间相互适应的现象，对自己的心理施加影响而产生积极作用。

二、心理素质训练的方法

受不同球员专项、个体心理特征及年龄等影响，教练员在进行体育运动的心理素质训练时，会采取不同的方法。

（一）认知理论式训练法

1. 表象训练法

表象训练法（意念训练法）在球员、体育运动心理学工作者及教练员中得到了广泛的运用。它是心理素质训练的核心组成部分，也是最为基础的训练方法。表象训练法是指通过暗示语对头脑中的某种运动情境进行反复暗示或者作用，从而使球员能够产生相应的应激反应，有效地提升其情绪控制能力。通过该方法进行心理素质训练后，能够帮助球员建立和巩固正确动作的动力定型，从而让其获得更为深刻的记忆，熟练掌握动作要领。

（1）表象训练法的依据。在一定的动作表象前提下，由念动现象和心理神经肌肉理论产生，当人的大脑想象一种运动行为时，就会产生相应的神经冲动，导致大脑皮层的中枢神经处于兴奋状态，从而牵动肌肉产生相应的动作，这一现象也可以称为观念运动反应。

（2）表象训练法的具体训练方法。表象训练也可以称为回忆训练或想象训练等，是球员根据自己已有的运动表象，在暗示语的积极推动下进行有目的、有意识的训练的方法。运动表象是一种综合反应，具体由视觉表象和动觉表象组成。语言暗示是表象训练的显著特征之一，可以采用固定化的、程序化的模板式语言作为表象训练的主要暗示语，对肌肉形成一种刺激。由于人的大脑所产生的动作表象会受到动作神经冲动的影响，从而对神经中枢系统产生刺激，使其恢复之前所具备的联系，所以，表象运动反应（念动动作）是指运动表象时神经中枢系统产生兴奋而引起相应肌肉运动的反应，从而产生一定的、隐晦的动作。

表象训练还能对球员的赛前表象体验形成积极的推动作用，让球员保持最佳的状态参与到比赛中，不过同时要对以下两个方面有所了解。

① 动作的准确与否受运动表象准确与否的影响。也就是说，要想确保动作的准确性，就需要具备准确的运动表象。而运动表象的形成具有一定的复杂性和困难性，需要球员反复练习后，才能掌握。

② 运动表象的形成需要结合动觉表象和视觉表象。若是只有视觉表象，将会影响念动训练的效果和速度。在实践练习过程中，应该不断提醒球员注意自我检查和对比，这样能够有效地促进运动表象的准确形成。

（3）运动表象的形成过程。形成运动表象需要经过两个时期：一是建立时期，即球员的主要目标是对大概的动作有所了解，不需要准确掌握动作的空间、力量及时间等，这一时期主要形成视觉表象；二是相对准确化时期，即球员需要准确地掌握动作的力量、时间及空间等特征，这一时期主要形成动觉表象。

2. 认知调节训练法

通常，可以采取两种方法来调节球员的情绪：一是从球员的生理上进行调节，如放松训练属于这一类；二是从球员的认知层面上进行调节，如合理的情绪调节训练及暗示训练属于这一类。也就是说，认知调节训练是为了让球员能够对各种情境和问题进行自我调节的一种方法。

认知调节训练诞生于20世纪50年代，也可称为认知－行为调节训练，这种训练主要起到矫正作用，是连接临床心理学和实验心理学的重要纽带。行为主义者赫尔和斯金纳在人类行为的态度和观点方面有着很多相似之处，他们认为人类行为比较注重外显的行为，往往忽视了情感和思维的作用。

通常情况下，以下四个阶段构成认知调节训练法的全过程。

（1）探查阶段。主要是对服务对象的情况进行全面了解，对他们看待世界的角度、如何形成自己的认知系统等方面进行了解。

（2）教育阶段。心理学专家的主要任务是督促服务对象形成一种全新的认知模式，并致力于解决已经出现的问题。

（3）巩固阶段。对服务对象进行强化训练。

（4）评价阶段。对服务对象的行为变化情况及所产生的积极意义进行评价和指导。

这四个阶段相互连接，没有明确的界限。随着新旧问题的不断交替，这四个阶段也会交替出现或者实现跨越。

（二）模拟训练法

模拟训练法又称为脱敏训练法或者适应性训练法，即将训练场地安排成与比赛场地类似的训练方法，有利于帮助球员更好地适应比赛氛围，强化球员的临场发挥水平，同时能有效地缓解球员赛前及赛中的焦虑情绪。模拟训练法首先要较为清楚地了解比赛的场地、设备、器材、观众、时间和气候等外部条件，还要调节球员的心理和生理状态，使其更加接近比赛情况。

模拟训练法可以分成两种。一种是实战实景模拟训练法，也就是让训练条件尽可能地接近实际比赛条件，从而不断地提高球员的适应能力。若是有条件，还可以让球员在比赛场地进行一定量的训练，也可以到比较接近比赛场地环境和气候的地方进行训练等。另一种是语言形象模拟训练法，也就是通过语言来描述比赛场地的各种情况，详细讲述有关对手的行动和训练情况。当然，语言形象模拟训练需要借助视频、图片及图表等辅助方法，使语言表述更加具体且有根有据，提高球员的比赛战术水平。

受不同项目影响，模拟训练也会采取不同的方法。例如，和竞赛对手的实战训练比较适合一对一的项目训练。也可以采取模拟赛事场地条件等进行训练。在参加国际比赛时，国内很多球员会进行一定量的模拟训练，以强化训练效果，其主要针对球员可能出现的状况、环境因素的干扰和作息时间安排等问题提前做好训练，对缓解球员的紧张情绪有积极的影响作用。

（1）集中注意力训练法。集中注意力训练法要求球员确定目标后，全力以赴地去实现和完成，不受外部环境的影响和作用。集中注意力由四个方面组成：一是意愿的强度；二是意愿的延长；三是注意力的集中强度；四是注意力的集中延长。而精神机能又对注意力的集中强度产生直接的制约作用，肉体机能则影响注意力集中的保持和延长等方面。若人的精神不佳，则不利于注意力的强度保持；若人的肉体疲劳，则不利于注意力集中的延长机能发挥作用。同时，注意力的集中还受到其他因素（如情绪紧张或不佳，心中想法太多等）的影响。所以，注意力的集中训练综合性比较强，应该采取多种科学的方法进行强化。

想要提高训练效果，可以采取关注周边墙上的圆形物体、看手表等训练方法。看手表的训练要先坚持看秒针，从 1 min 开始，直到时间越来越长，如果开始能够坚持看 1.5 min，那么就每次训练 3~4 次，将每次训练时间定为 1.5 min，每次练习后，需要进行相应时间的休息，如此反复，能够使自己坚持的时间越来越长。如果能够坚持 5 min，那么就开始进入注视分针的训练，这种训练对对象的精神状况要求不高，对时间和场地也没有硬性要求，所以是比较实用的训练方法，特别是在精神状况欠佳、注意力不集中时进行该项训练，能够有效地提升训练效果。

（2）智力训练法。人们对运动技能的掌握需要具备一定的智力条件，合理地认知球员的智力水平所产生的重要作用具有重要意义，其可以作为球员的选拔条件。选拔球员时，高水平的运动能力必然是不可或缺的重要指标，但是智力水平也是需要综合考虑的因素，这样才能选拔出更加优秀的球员。此外，智力训练法的应用还有利于人们准确地把握体育运动和智力发展之间的关系。

（3）意志训练法。人的心理状况也受到意志品质的影响，所以可以强化相关的训练方法，增加训练难度，从而有意识地培养球员的果断判断能力。榜样作用、自我命令及说服教育都是能够有效地提升克服主观困难能力的方法。练习难度的变化训练、负荷强度的变化训练等能够有效地提高克服困难的能力；系统的训练可以显著地提升球员的自制力和其他综合能力，使其在比赛中能够更好地控制自己的情绪和情感，有利于坚定意志品质的形成，确保在比赛中保持最佳的状态。

（4）表情调节法。表情调节法是通过调整自己的面部表情和姿态，以达到训练目标的方法。情绪状态和外部表情的关系非常密切，人的心理活动变化也会体现在外部表情中。情绪的变化会引发系列的生理变化，从而呈现出不同的面部表情和姿势，如某人满面春风、笑容可掬时，他的心情很大程度上是愉快的；如果某人面部表情毫无活力、神态萎靡，那么他的心情很大程度上是沮丧的。为此，人们可以采用表情调节的方法来调整情绪状态。若心情焦虑紧张，可以有意识地放松面部肌肉，也可以轻轻搓揉面部，使自己的紧张情绪得以缓解；若心情欠佳，可以让自己面带微笑，以调节不良情绪，也可以想象一些开心的事情和回忆，从而调整自己的比赛情绪。

（5）运动调节法。大脑和肌肉的信息传导具有双向性，即神经兴奋可以在大脑和肌肉之间进行双向传导。肌肉活动越积极，越有利于大脑接受到肌肉传导的兴奋，从而使情绪变得高涨，否则会产生相反的效果。运动调节法是通过调整速度、强度、幅度、节奏及方向而引发球员的情绪状态变化。例如，球员紧张不安时，可以采用一些速度和节奏较慢、幅度大、强度小的运动来进行情绪调节，这会对兴奋性造成一定的减缓作用，从而缓解紧张情绪。若球员情绪不高，可采取相反的运动调节方法，从而保持情绪的高涨状态。

（6）音乐调节法。音乐调节法是通过采用不同风格的音乐来影响和控制人们的情绪状态的方法。音乐能够调节人们的情绪变化，有利于身心的健康发展，这是毋庸置疑的。例如，催眠曲能够帮助人们快速地进入睡眠状态，而轻快的音乐能有效地缓解人们的身体疲劳，还能有效地调节人们的兴奋和镇定状态，使其情绪平稳。大脑在处于疲劳和紧张状态时，可以采用音乐调节法来进行调整，让人们的注意力更为集中。因此，具有特殊节奏的音乐或者曲子常常被用于心理治疗，其能够有效地放松患者的心理紧张情绪。若球员在赛前出现了情绪的异常变动，可以通过听音乐来进行自我调节，这样有利于放松心情，缓解焦虑情绪。

（7）呼吸调节法。为了帮助球员平复情绪，可以采用深呼吸的方法。当人的情绪过于焦虑时，往往会伴随呼吸急促的情况，更甚者会呼吸困难，所以可以采用平缓的呼气和吸气练习来缓解情绪的兴奋度。若情绪欠佳，则应该提高情绪的兴奋度，可以采用深呼吸的训练方法，也就是人们常说的呼吸调节法。这种方法具有一定的科学依据，即过快地呼吸会使体内增加大量的氧气，并将二氧化碳排出，而二氧化碳的排出会导致身体出现失衡情况，一段时间后，就会刺激中枢神经采取保护措施。所以，要缓解紧张情绪，可以采用放慢呼吸的方式进行调节，从而确保情绪的平缓状态。

（8）颜色调节法。颜色调节法是基于联觉现象的基础发展而来的，其对心理状态起到一定的控制和调节作用。若情绪紧张焦虑，可以多看看具有镇静作用的颜色，如绿色、紫色和蓝色等；也可将饮料、毛巾和环境都调整为这几种颜色，这也会在一定程度上缓解紧张焦虑的情绪。若球员临上场时精神状态欠佳，则可以利用红色和黄色进行调节。将排球改成彩色球也是基于这一原因，这样，既有利于球员正确判断球的旋转，又能调动球员的训练积极性，刺激球员的视觉效果，从而调节球员的心理振奋状况。除此以外，排球运动服的颜色也朝着多种颜色组合的方向发展，这也是颜色调节法的一种表现。

（9）语言调节法。语言调节法又称为暗示调节法，是通过各种有关暗号（如手势、表情或者语言等）对球员的心理活动进行刺激的方法。暗示现象在现实生活中随处可见，有效地影响着人们的心理活动，使人们的行动也有所变化，它还能对人的生理变化产生一定的影响。

暗示包括两种情况：一是自我暗示；二是他人暗示。暗示作用也包括两种：一是积极的暗示作用；二是消极的暗示作用。球员在赛前和赛中，暗示的作用表现得尤为突出。应该充分发挥积极暗示的意义，从而确保球员的心理状况保持最佳水平。尤其要注意的是，不能采用消极暗示来影响球员的参赛情绪和心情，教练员要充分注意自己的各种细节动作，如姿态、面部表情、眼神及手势等，因为稍不留意，这些细节动作就可能给球员带来不利的暗示作用。

（三）情绪控制法

1. 教练员语言提示

（1）在球员发挥基本正常时，教练员要用积极的语言肯定场上的赛况。在双方实力相当时，即使比分暂时落后，也要给予球员肯定和鼓励，以稳定场上球员的情绪。

（2）在比赛十分紧张时，教练员要对球员提出具体的指示，甚至可以具体到是扣球还是吊球；吊球吊到对方什么位置；把球给谁扣等。

（3）教练员要对发挥失常的球员给予安慰，减轻球员的精神压力。

（4）对在场上松懈、不认真的球员，教练员的批评要中肯，表情要严肃，也可以采用激将法。

2. 教练员行为暗示

（1）以教练员的情绪感染球员。人的情绪有易感性，若教练员情绪稳定，则会感染球员，使其情绪也会稳定。

（2）教练员的教练语言既精确，又有条理，可使球员沉着、冷静，情绪稳定且活跃。

（3）暂停、换人要恰当、及时，可使球员感到比赛井井有条，充满胜利的信心，有助于场上球员保持活跃的情绪。

（4）及时改变预定打法，转变场上情绪。打法不对，比赛受挫，会引起球员的情绪波动。教练员必须迅速准确地改变原定打法，扭转场上的被动局面，才能使场上球员的情绪稳定，保证其发挥出正常水平。

3. 球员间的语言调节和行为暗示

（1）场上球员间互相大声鼓励，场上与场下互相鼓舞、呼应，使球队整体冲击力增强。

（2）球员间用行动互相弥补，减少场上漏洞，提高整体的战斗力。

4. 球员自我调节

（1）成死球时，可跑动放松，并进行几次深呼吸。

（2）自我语言暗示。

（3）强制自己集中注意力，顽强拼搏等，对于裁判员的误判和队友的失误，要强制自己不受其干扰，为赢得比赛而继续努力。

此外，球员积累的压力在赛后可通过语言暗示、转移注意力、生物反馈训练、想象放松、催眠、音乐等调节方式进行心理康复治疗。

三、排球比赛心理素质训练

（一）赛前心理状态调控训练

比赛中，球员的心理始终处于高度紧张的状态。其实，日常训练中，球员的心态和精神也会在不同程度上受到外界的影响，只是在临近比赛时，心理上的变化会表现得更加明显。尤其是赛前的几个小时，球员对心理状态的调整是特别关键的。为了更好、更快地适应赛场，教练员会根据球员的不同情况，有针对性地对其加强心理上的训练。一般情况下，球员的赛前心理状态主要有以下四种类型。

（1）积极振奋型。这是一种非常有利于比赛的心理类型，这证明球员的精神状态非常好，他们对比赛有必胜的把握，其注意力也很集中，对比赛的任务和目的有透彻的分析，能够正确地评价自己技术上的优缺点，同时渴望在比赛中发挥自己的力量，带着一种强烈的责任感来赢取这场比赛。球员的心理和生理状态都保持高度兴奋，并且当其兴奋程度完全符合比赛需要时，球员就可以自如地应对赛场上的形势变化。那么，这种可操控的战斗状态势必会带来超预期的比赛结果。

（2）胆怯紧张型。面对即将开始的比赛，球员虽然很兴奋，但是不能完全把控自己的情绪，更不能集中精力来应对比赛，由于缺乏战胜对手的信心而难以发挥出正常水平。尤其是第一次参加重大赛事或者能力水平相对较低的球员，他们比较容易发生这样的状况。若教练员和单位领导非常重视这场比赛，亲友和观众又非常关注，就会使球员的心理难以承受这样的压力。因为心理上的不安和情绪上的急躁，球员的比赛能力会愈发降低，甚至出现动作失误的情况，进而表现出心跳加速、呼吸急促、手脚发抖等生理现象。生理机制一旦失去了控制，大脑皮层的信息就难以准确地传送到体表，加之心理上不能正确地平衡个人的得失和比赛的输赢，就很容易导致比赛失败。所以，这种心态非常不利于比赛。

（3）淡漠消极型。这是一种很差的比赛心态。作为一名球员，没有树立赢取比赛的目标，或者完全失去了努力战斗的意志，以漠不关心的态度去逃避比赛，这是一种丧失了体育精神的表现。在这样的心理状态下，球员的注意力比较分散，行动起来反应迟缓，赛前的准备工作并不能将其带入兴奋的比赛环境中，甚至其也不具备完成任务的责任心，这便无法期望其能获取比赛的胜利，其是否能够达到正常情况下的一般水平都是未知的。这样的球员由于对自身没有信心，无论比赛结果如何，都会体现出无所谓的心态，客观上看，其已经没有参加竞赛的欲望。

（4）盲目自信型。在比赛开始之前，球员高估自己的能力，简单地认为自己已经完全压制了对手，而不能正视比赛过程中可能遇到的困难，这种听之任之的态度，只会降低球员的注意力，思想上的自负已不能令其正确地对待比赛。虽然其情绪非常饱满，态度也很乐观，但是，过度的自信只会给对手制造获胜的机会，如果不去认真地分析比赛，只能承受盲目自大的代价。所以，对于球员来说，产生骄傲自满的思想就是一种危险的信号。

综上所述，球员赛前的不同心理状态会直接影响比赛的结果，也可能决定球员的前途和命运。因此，要通过有效的心理训练，调整好球员备赛的心理状态，利用心理上的战略战术，能在一定程度上提高球员的比赛能力，从而获得优异的比赛成绩。

（二）赛中心理状态调控训练

虽然大多数球类运动是身体素质的对抗，但是，球员的心理状态能否应对赛场上的竞争也很关键。随着比赛场上敌我双方形势的变化，球员的强大心理素质将成为获取胜利的法宝。当面对强有力的对手时，有的球员仍保持沉着冷静的心态，他们可以根据不同的技术需求来调整自己的战术，即使比赛到了白热化的程度，还是会控制好自己的节奏，以旺盛的斗志出色地发挥出自己应有的水平。同时，也有一些球员难以应对激烈的比赛气氛，瞬息万变的战局打乱了其比赛思路，紧张的情绪使其动作变得拖泥带水，犹豫的思想很容易贻误战机，剩余的赛程变得更加困难。针对这样的情况，教练员要及时给予指导，用有效的战略来消除球员思想上的顾虑。

（三）赛后心理状态调控训练

比赛结束以后，无论获胜与否，成绩都会影响球员的心理情绪，特别是重大赛事的成绩。成功者的大脑皮层至少会有 1~3 个月的兴奋期，强烈的成功体验会使其在一定时间段内沉醉于喜悦状态。而对于失败者来说，这是一个难以接受的沉重打击，赛后的沮丧会在生活上给其带来很大的苦恼，在今后的训练中可能会出现不可预料的伤病，甚至心理上的创伤将导致其会长期处于一蹶不振的境地。因此，赛后必须充分重视球员的心理状态，只有认真地分析比赛结果，及时地调整好训练心态，根据球员的不同心理特征和意识倾向，制订长期的训练目标，才能保证每一名球员都能正确地对待今后的体育生活，更家长远地去规划自己的体育生涯。

第四章 排球运动的可持续发展探索

第一节 可持续发展的基本理念

一、排球运动可持续发展的界定

“如今可持续发展的理念已渗入社会生活的各个领域，且这一观念也在排球运动中得到应用。”① 排球运动的可持续发展指的是为使排球运动能够长期持续、健康和稳定发展而从数量、质量和时间三个维度上对其系统结构和要素进行综合调控的目标及过程。这个概念包括以下三点含义。

（1）排球运动可持续发展的根本目的及目标是使排球运动项目能够随着社会的发展和进步而在数量、质量和时间维度上和谐发展，不断提高排球运动项目的可持续发展能力，满足人们对排球运动的需要。

（2）排球运动的可持续发展不以人的主观意志为转移，而是受一定因素及条件的影响和制约，有自己独特的逻辑层次、组成要素和系统结构。

（3）实现排球运动可持续发展的根本途径和过程就是从数量、质量和时间三个维度上对其系统结构和要素进行综合调控。

二、排球运动可持续发展的特点

特点总是在与其他事物的比较中存在的，因此，在探讨排球运动可持

① 李敏．青少年排球运动可持续发展战略研究［J］．青少年体育，2019（5）：73-74.

续发展的特点时，首先要选择合适的参照系。探讨排球运动可持续发展的特点应从两个角度入手：一是在社会活动这个大参照系内，排球运动作为一项具有体育运动一般特点的社会文化活动，可以将其可持续发展与其他社会活动的可持续发展相比较；二是在体育运动这个小参照系内，排球运动作为一个具体的体育运动项目，可以将其与其他相关体育项目的可持续发展相比。

我国排球运动的可持续发展具有以下三个方面的特点。

（1）与物质生产等社会活动相比，排球运动可持续发展是在人们已经获得了对基本生存需要的满足的基础上进行的，因此其目的不是满足人们的基本生存需要，而是满足人们对于参与和欣赏排球运动的需要，为人的全面发展和社会的全面进步服务。

（2）与经济等社会活动相比，排球运动的可持续发展不直接与自然资源、环境和生态保护发生联系。我国的排球运动要持续发展，就不能超越现实阶段我国政治、经济、文化和教育等的发展水平及承载能力。

（3）与同为“三大球”运动的足球运动和篮球运动相比，排球运动在竞技场上有过攀登世界顶峰的辉煌经历，而其普及程度和市场规模却不如足球运动和篮球运动，因此，排球运动可持续发展的现实条件、发展前景和发展道路有别于足球运动和篮球运动。

三、排球运动可持续发展的本质和内在机理

“发展度、协调度、持续度”的互相联系和互相作用，将可持续发展从“数量、质量、时间”这三个维度上有机地统一起来，从根本上表征了可持续发展战略目标的完美追求，充分地体现了可持续发展的本质特征。对于我国排球运动的可持续发展这样一个有机系统来说，“发展度（数量维）、协调度（质量维）、持续度（时间维）”的“三维”统一理论也是适用的。

可持续发展理念是人类发展观念上的一次历史性进步，是迄今为止人类对于发展认识的最高阶段。目的性、限制性，以及数量、质量和时间的三维统一性体现了可持续发展理念的基本要旨。借鉴可持续发展理念基本要旨的启示和系统学理论的研究、分析方法，并吸收可持续发展理论系统

学研究方向的有益成果，是探索我国排球运动可持续发展理论的可行思路。

坚持我国开展体育运动的目的、顺应我国体育改革的方向和发展趋势、遵循排球运动自身的发展规律，是我国排球运动的可持续发展应遵循的三条基本原则。竞技排球运动、群众排球活动和排球产业开发三个子系统在数量、质量和时间三个维度上的互相作用、互相联系构成了我国排球运动可持续发展的系统结构。

第二节　排球运动可持续发展的影响因素

为了便于今后有针对性地采取有效措施来调控我国排球运动的可持续发展实践，有必要对影响我国排球运动可持续发展的主要因素和各子系统间的互动关系及其未来变化情况进行分析和研究。

影响排球运动可持续发展的主要因素包括：职业化程度、训练和管理水平、优秀运动员及教练员队伍建设、后备力量的培养、科研的介入情况、竞赛制度，以及经费投入和后勤保障等。

影响我国群众排球活动可持续发展的主要因素包括：排球运动自身的技战术特点、基层排球师资力量、排球场地和器材设施、基层竞赛体制的完善与稳定、媒体的宣传、经费投入、地方各级排球协会和基层群众性排球组织的建设等。

影响排球产业可持续发展的主要因素包括：项目的受欢迎程度、职业俱乐部建设、排球产业开发人员的整体素质、项目的竞技水平、宣传及包装、来自其他运动项目的市场竞争、排球明星的培养及其作用的发挥等。与当前形势相比，过去的职业化程度、竞赛制度、基层竞赛体制的完善与稳定、地方各级排球协会和基层群众性排球组织的建设、职业俱乐部建设和排球明星的培养这几个因素将对排球运动的可持续发展发挥更为重要的影响作用，而经费投入及后勤保障两个因素对我国排球运动持续发展的影响程度有所减弱。

从上述变化中可以得到以下两点认识。

（1）随着时间的推移，那些与制度和体制联系紧密的影响因素，如职业化程度、竞赛制度、基层竞赛体制的完善与稳定、地方各级排球协会和基层群众性排球组织的建设、职业俱乐部建设、排球明星的培养及其作用的发挥等，将对我国排球运动的可持续发展发挥更为重要的影响作用；而通常被认为是非常重要的基础保障性因素（如经费投入和后勤保障），其影响作用的重要程度却随着时间的推移而有所减弱。因此，从长远发展看，今后要更加重视从制度和体制层面上采取有效措施来推动和促进我国排球运动的可持续发展。

（2）在我国排球运动的可持续发展进程中，竞技排球运动、群众排球活动、排球产业开发三个子系统不是不分主次、齐头并进的，而是随着内外环境条件的变化在不同时期有主有次、此起彼伏的。

以上理论的获得，为今后进一步研究和建立我国排球运动可持续发展的指标体系，以及从实践操作层面上采取有针对性措施推动和促进我国排球运动的可持续发展提供了科学、有力的依据。

第三节　排球运动可持续发展的原则与结构

作为一项具有体育运动一般特点的运动项目，排球运动从属于社会文化活动，是一种带有一定产业性质的社会公益事业，因此它既不同于纯粹的经济活动，又不同于普通的社会活动，更不同于生态和环境保护活动。从可持续发展理论系统学方向的研究，从综合协同的观点去探索可持续发展的本源和演变规律，突破了以往研究方向中带有的明显学科限制，极大地提高了其在不同社会领域应用的普适性。同时，可持续发展理念的基本要旨体现了可持续发展思想的精髓和本质。

因此，借鉴可持续发展理念基本要旨的启示及系统理论的研究和分析方法，并吸收可持续发展理论系统学研究方向的有益成果，应当成为探索我国排球运动可持续发展理论的有益视角和可行思路。

一、排球运动可持续发展的基本原则

我国排球运动的可持续发展应遵循以下三条基本原则。

（1）坚持开展体育运动的目的。开展体育运动的根本目的是增强人民

体质，提高体育运动水平，促进社会主义物质文明和精神文明建设。作为一项具体的运动项目，排球运动是实现我国体育目的的现实载体之一，国家通过扶持和发展排球运动为实现国家的体育目的服务。因此，我国排球运动的可持续发展必须遵循坚持我国开展体育运动的目的这一基本原则，否则就背离了国家开展这项运动的初衷，也会使排球运动的发展失去明确的方向。

（2）顺应体育改革的方向和发展趋势。近年来，随着我国经济体制改革的深入进行，体育也出现了朝着社会化和产业化方向发展的趋势。处在这样一个时代背景下，排球运动在发展过程中只有努力加快自身的改革步伐，与我国体育改革的方向和发展趋势保持协调一致，才有可能迎来项目自身的持续发展。

（3）遵循排球运动自身的发展规律。任何体育运动项目都有自身的发展规律。在过去几十年的发展过程中，积累了大量的关于排球运动发展规律的丰富知识，这是一笔宝贵的财富。在新的历史时期，我国排球运动要想实现可持续发展，就必须努力创新和进取，不断探索新规律、新特点，严格遵循排球运动自身的发展规律。

二、排球运动可持续发展的系统结构

结构是系统的构成要素在时空连续区上的排列组合方式和相互作用方式，是系统构成要素的组织形式和秩序。结构是系统诸要素有序化的直接形式，组成部分、时空秩序和联系规则构成了结构的三要素。系统的不同往往并不是由于组成部分即构成要素不同，而是由于这些要素的排列组合方式不同。相同的要素可以组成不同的系统，犹如相同的词汇可以组成不同的文章。结构是系统固有的属性，微观、宏观世界的一切系统都具有特定的结构。

排球运动的可持续发展也是一个有特定结构的独立系统，其科学地揭示了我国排球运动可持续发展的系统结构，对于有针对性地采取措施、切实推动和促进我国排球运动的可持续发展实践具有重要意义。

作为一个实现我国体育目的的运动项目载体，排球运动要想发挥应有的作用和功能，就必须不断地提高群众普及程度和规模、大力提高运动技术水平。只有经常参加排球运动的人多了、范围广了，排球运动才能充分发挥其在全民健身活动中增强全民体质的作用，真正地为我国体育根本目的的实现和全面建成小康社会做出应有的贡献。同时，只有不断提高排球运动的竞技水平、不断在国际重大赛事中取得优异成绩，排球运动才能真正地为提高我国体育运动水平、完成奥运争光计划做出应有的贡献。因此，从实现我国体育根本目的和全面建成小康社会的目标的角度看，我国排球运动要想实现可持续发展，至少应在普及群众性的排球活动和提高排球运动的竞技水平两个方面做出巨大努力。

改革开放以来，随着我国市场经济体制的逐步建立和完善，体育的产业功能和价值越来越被人们所认识和接受。转变体育的管理体制、促进体育的社会化和产业化的大力发展，已经成为新时代我国体育事业改革和发展的新趋势。顺应时代的发展趋势和潮流，我国排球项目近年来也积极开展了向产业化发展的尝试。在市场经济条件下，排球项目的产业化发展状况直接关系到排球运动的可持续发展。

从项目自身的发展需要看，排球运动要想获得持续、健康、稳定的发展，就必须在竞技运动水平、群众普及程度和产业开发方面全面发展。这三个方面是相辅相成、互相联系和紧密配合的，良好的群众普及基础是提高排球运动竞技水平和扩大排球产业开发规模的物质基础；较高的排球运动竞技水平可以为吸引更多的人参与排球运动和提高排球产业开发效益做出积极贡献；产业开发效益的提高为排球运动的群众普及和竞技发展提供了资金上的保障。这是新的社会发展形势下排球运动发展的内在、本质和必然的要求。

第四节　排球运动可持续发展的思路与措施

对排球运动的可持续发展理论进行研究，其根本目的就是切实推动和促进排球运动的可持续发展实践。

一、排球运动可持续发展的思路

竞技排球运动、群众排球活动和排球产业开发三个子系统在发展度

（数量维）、协调度（质量维）和持续度（时间维）这三个维度上的和谐统一，是排球运动可持续发展的本质和内在机理。发展度表明排球运动随着社会的发展而在竞技排球运动、群众排球活动和排球产业开发方面出现的数量变化；协调度表明排球运动随着社会发展而在竞技排球运动、群众排球活动和排球产业开发方面出现的结构和比例关系等方面的变化，它反映了数量变化的健康程度；持续度表明排球运动随着社会发展而在竞技排球运动、群众排球活动和排球产业开发方面的变化稳定性，它反映了排球运动的管理体制和运行机制的合理性程度。

当前排球运动发展过程中存在的不尽如人意的地方，归根结底都是由于现行的管理制度跟不上快速发展的实践需要而导致的。因此，必须对现行的管理制度进行创新和发展，只有从制度这个“源头”上对排球运动的可持续发展实践进行综合调控，才能真正促使项目随着社会的发展和进步而在数量、质量和时间维度上和谐发展，不断提高项目的可持续发展能力，进而实现排球运动的可持续发展。

从根本上讲，促进和推动排球运动可持续发展的总体思路应该是：通过制度创新进一步深化排球运动管理体制的改革，促进项目运行机制的转换。具体来说就是，逐步建立起符合现代排球运动发展规律的国家调控、依托社会、自我发展、充满生机与活力的排球运动管理体制和良性循环的运行机制，运用制度保障和机制激励来促进竞技排球运动、群众排球活动和排球产业开发在发展度、协调度和持续度三个维度上协调发展，从而最终实现排球运动的可持续发展。

二、排球运动可持续发展的措施

（一）坚持职业化改革，加强俱乐部建设

1. 促进专业球队的改制，走职业化之路

在计划经济体制下，优秀排球运动员从进入专业球队到退役，一切都由国家包揽。改革开放后，随着我国市场经济体制的逐步确立，整个社会按照市场规律配置资源的比例也在逐步加大，使得资源的竞争日益激烈。在这种形势下，单纯依靠行政手段安置运动员的路子越走越窄。

解决这个问题的根本方法就是促进专业球队的改制工作，坚持走职业化改革之路，使现在的专业排球球队最终发展成为职业排球俱乐部。这样做至少可以有以下两个好处。

（1）通过参加职业比赛，运动员可以不同程度地提高收入，为退役后的生活奠定一定的经济基础。这样，即使运动员退役后，一时找不到工作，也可以缓解所面临的生存压力，从而在一定程度上解除运动员的后顾之忧，延长运动员的运动寿命。

（2）职业化体制能促人才交流机制逐步形成和完善，使排球运动员在不同球队之间的流动性增大，从而能够获得在更大的地域和空间参与社会资源分配的机会，有利于扩大退役后的就业机会。

当然，专业排球球队的改制工作不会是一蹴而就的，在这个过程中需要观念的更新、法制的建设、排球市场的繁荣等方方面面的工作配合和协调，但专业球队的职业化改革方向必须坚持。

2. 大力发展俱乐部，加强俱乐部建设

大力发展俱乐部，既是排球运动职业化改革的需要，也是发展排球产业、扩大排球市场的必然要求，其根本目标就是最终把目前依附于政府的球队转变成采用现代企业管理制度的自主经营、自负盈亏、具有独立产权的职业俱乐部。

现阶段排球俱乐部的发展必须要在政府大力支持的同时，争取社会的广泛参与，充分发挥政府和市场的双重作用，根据各地的具体情况，采用赞助、股份制，以及体育主管部门与企业联办等多种形式组建排球俱乐部，为排球俱乐部的发展创造有利的上升空间。已经组建的排球俱乐部要在自身的现代企业组织制度和运行机制的建立上下大功夫，逐步完善俱乐部自身的组织制度建设和转变运行机制，为最终向职业排球俱乐部过渡奠定坚实的物质基础。

从现实的发展情况看，我国目前的这种“半职业化”或“准职业化”的排球俱乐部还将在很长一段时间内存在，这是由我国经济发展的大背景和排球俱乐部发展的初级阶段客观决定的。但大力发展排球俱乐部、不断加强俱乐部的制度建设并最终促成专业排球队向职业排俱乐部的转变，乃是排球运动深化改革的根本方向，这是绝不能改变的。

3. 完善转会制度，促进球员的自由流动

优秀的排球运动员，尤其是技战术水平高、有人格魅力的明星选手，在排球运动中永远都是球迷关注的焦点，他们的出色表现和明星效应对排球市场的繁荣有着举足轻重的作用。我国排球运动领域存在区域经济发展不平衡、人才资源差距巨大的问题，如有些俱乐部经济条件较好，但缺少排球人才资源；而有些俱乐部人才资源雄厚，但经济和其他条件较差。这些都为一些优秀的排球运动员根据自身情况和意愿进行转会和流动提供了客观条件。

要想使排球运动发展壮大，就应该本着保障俱乐部和运动员合法利益及有利于排球市场发展的方针，不断规范排球运动员的转会制度和法规，通过完善的法规和制度建设促进排球运动员的有序流动，合理开发排球人才资源，从而推动排球运动的发展。

（二）完善教练员岗位培训制度，深化岗位培训工作

1. 完善教练员岗位培训制度

教练员的业务能力和执教水平，是影响我国排球运动可持续发展的一个重要因素，而对教练员进行定期的岗位培训是提高其业务能力和执教水平的一条重要途径。业余教练员与专业教练员都是推动和促进排球运动发展的重要力量，在对他们的培训工作上，切不可“一手软、一手硬”，必须确保教练员岗位培训制度的不断完善，从而使不同类别的教练员都能得到有计划的定期培训。

2. 深化教练员的岗位培训工作

（1）以“能力本位”为价值取向，切实提高培训内容的实用性。现代的教练员岗位培训，是一种职业定向教育性质的培训，其根本目的在于改善和提高教练员的知识、技能、态度、行为能力和综合素质，使之能胜任执教工作，达到既定的工作目标。为了摆脱传统的“学历教育”观念的束缚，必须以“能力本位”为价值取向来确定培训的内容。所谓“能力本位”，即在培训开始之前，研究确定该级别教练员从事其本职工作所必须具备的知识、技能和态度等方面的要求，再按照这些确定的岗位能力要求组织教学内容进行组织培训，使教练员达到预定的岗位能力要求。然而，以“能力本位”为价值取向的培训模式改革毕竟不仅仅是一次观念上的

变革，它还涉及各级别教练员岗位职责标准的制定，培养专题的设置，教学大纲、教学计划和教材的编写等多个环节的配合，需要经过一个反复认识、反复实践、逐步完善的过程。

（2）采用灵活的培训形式，倡导集体研讨的业务风气。培训形式是实现培训目标的途径和方法，是决定培训效果的重要因素之一。为了适应新形势下教练员的岗位培训和继续教育，克服以往培训形式单一、培训时间不合理、培训效果不佳等弊端，首先应将脱产面授、函授自学、观摩训练和比赛、撰写论文和读书报告等培训形式结合起来，提高教练员岗位培训形式的灵活性。还要在教练员中大力倡导集体研讨的业务风气，在各种不同的培训活动中，组织其进行集体性的业务研讨，并将业务研讨的参与情况纳入教练员的培训考核中，用集体的智慧和力量为排球运动的可持续发展献计献策。

（三）完善训练管理体制，加强运动员的文化教育

运动员是排球运动可持续发展的最重要的人力资源。20 世纪 80 年代，排球运动之所以能够创造史无前例的辉煌成就，“一条龙”训练体制所提供的充足的排球运动员是其中一个重要原因。然而，随着我国经济体制改革的深入，从事排球训练的利益格局发生了变化。社会发展的需要和人们观念的转变，使我国的“一条龙”训练体制从中间和底层出现了招生困难的问题，排球队伍尤其是青少年排球队伍面临着严重的人才短缺情况。

影响运动员文化学习的主要因素是时间和精力。因此，从训练管理体制的完善上着手解决学、训之间的矛盾是根本出路。体育系统要主动把业余训练阶段的青少年排球运动员的文化教育任务交给教育部门，使青少年排球运动员的文化教育回归普通学校教育这个大环境，自己集中力量抓好业余排球训练和竞赛。还要用明确的管理制度规范教练员的训练安排，要求教练员加强科学训练、提高训练的效率，严格控制每天的训练时间，使青少年排球运动员能够有更多的时间和更充沛的精力进行文化课的学习。

（四）加强科学训练，提高排球运动的训练效率

1. 准确把握现代排球运动的发展规律和趋势

准确把握现代排球运动的发展规律和趋势，是加强排球运动训练的科学性、提高排球运动训练效率的前提。

排球运动的技战术一直是以快速多变、充分发挥多人多点的集体战术配合为鲜明特色的。因此，我国在排球运动训练中一直非常强调集体配合训练，这强化了我们重视集体配合的信念。此外，必须下更大力气提高对现代排球运动发展规律和趋势的正确性、及时性和敏感性的把握，只有这样，才能为促进排球运动训练的科学化、提高训练效率提供前提条件。

2. 转变训练观念，提高训练效率

“三从一大”训练原则是指训练中从难、从严、从实战出发，坚持大运动量训练。对于“三从一大”训练原则中提到的运动量，按照现代运动训练学的理论，应将其理解为运动负荷，也就是运动员在承受一定的外部刺激时，机体在生理和心理方面所承受的总刺激。而运动负荷则包括负荷强度与负荷量这两个既互相区别又相互联系的基本结构。负荷强度是指在单位时间内或单个（单组）动作中运动员机体所承受的负荷刺激，或者说是在单位时间内或单个（单组）动作中运动员机体所承受的一定外部负荷刺激量所引起的内部应答反应；负荷量是指在持续、连贯的身体活动过程中，运动员机体在承受一定外部刺激总量时所表现出的内部应答反应的程度。

运动员在一次训练中所承受的总负荷是负荷强度与负荷量的综合效应，同一个总负荷可以由不同的量和强度匹配组合而成。负荷强度在现代训练和比赛中的地位越来越重要。同一个较高水平的总负荷既可以通过突出负荷强度控制负荷量实现，也可以通过突出负荷量控制负荷强度实现，关键是要根据每次训练课的目的和具体要求确定一个负荷强度与负荷量的最佳组合方案。广大教练员必须全面、准确地理解“三从一大”训练原则中“大运动量训练”的实质，及时修正以往训练观念中的偏差，合理组合训练负荷强度与负荷量，切实搞好排球运动的科学训练，提高训练效率。

（五）以校园排球活动为重点，开展群众排球活动

1. 以校园排球活动为突破口，扩大青少年排球运动量

“我国的青少年排球运动员的训练和培养，需要遵循可持续发展的基本理论，随着世界体育水平的整体提高，对排球运动的要求也越来越高，只有使青少年排球运动的理论得到不断地完善，才能促进我国青少年排球运

动的发展。”[①]排球运动能够全面发展人体的各系统及器官的机能，对正处于生长发育阶段的青少年来说是非常有益的，特别是排球运动所倡导的协作、包容精神和团队意识等教育因素，更是广大青少年日后融入现代社会生活、建立良好人际关系所必需的。

青少年是我国实施全民健身计划的重点对象，在各级各类学校中大力开展以广大青少年为重点的校园排球活动，符合我国开展全民健身计划的精神和要求。因此，大力开展校园排球活动，既是对我国全民健身计划的实际贯彻和落实，也是发展我国群众排球活动的一种有力措施。

由于有持球和连击的限制，排球活动的技术不是很容易被掌握的，特别是对于初学者来说，往往会由于不能正确掌握技术动作而逐渐失去参加排球活动的兴趣。与社会上其他组织与部门相比，各级各类学校中拥有相对较好的师资条件，这就为广大青少年学生在校园中学习和掌握排球运动的基本技术创造了有利条件。因此，加强校园排球活动的开展，充分发挥学校的聚集效应、辐射功能和带动作用，以校园排球活动为突破口、扩大青少年排球人口，进而带动其他年龄段人群中排球人口的增加，是中国群众排球活动可持续发展的重要措施之一。

如今校园内的体育活动种类繁多，青少年学生在参加体育活动时，还有篮球、足球、乒乓球、网球、跑步、健美操、游泳等其他体育运动项目可供选择，排球运动项目面临着其他运动项目的有力竞争。在这个问题上，作为负责排球运动开展工作的排球运动管理中心须主动与教育部门密切合作，采取有力措施使排球活动在校园体育活动中牢固地占据一块阵地。首先，大力宣传排球活动项目本身所蕴含的文化和教育价值，以及排球活动在帮助广大青少年形成良好的思想品德过程中的重要作用，使教育部门、广大青少年学生及其家长充分认识到排球活动这个特殊的教育载体的功能。其次，建立和健全各级校园排球组织机构，在有条件的学校成立多种形式的排球俱乐部，并建立相应的奖励机制，以便充分发挥这些组织和机构在校园排球活动中的组织和领导作用。再次，与教育部门合作建立不同级别和组别的稳定赛制，每年定期组织若干次校园排球竞赛，利用竞赛的刺激作用带动校园排球活动的开展。最后，制定相应的政策，要求各级专业运动队及运动学校的排球队每年到所在地区的若干所学校进行义务

① 毛亚杰．青少年排球运动可持续发展战略研究［J］．当代体育科技，2020，10（1）：211-212.

表演和辅导，以“榜样”的力量帮助所在地区校园排球活动的开展。

另外，排球运动管理中心要创造条件，按照一定的评选办法，每年在器材、设备、人员培训和制定校园排球发展计划等方面，给各级学校以切实的帮助和具体指导。只有这样，排球活动才能在校园这块潜在的阵地上得以普及。

2. 为群众排球活动的开展提供物质和指导支持

除了必要的体育组织机构的指导和组织，群众体育工作的开展还必须依赖足够的场地、器材、设施等物质条件的支持和体育指导员队伍等服务体系的支持。排球运动的场地、场房数量还不足以满足我国群众排球活动开展的需要，目前更没有专门为群众排球活动提供指导和服务的指导员队伍。因此，切实加强开展群众排球活动所需的物质条件和服务保障，将是促进和推动我国群众排球活动的另一条重要措施。

3. 建立完善的激励机制和奖励措施

改革是一种以路径依存关系为特征的创新活动，改革措施和对策的实施是一环扣一环的，任何一个环节的工作做得不到位，都会影响改革的效果。对于我国群众排球活动的开展来说，除了要充实基层排球协会的组织力量，加强与各级群众体育组织的合作，为群众排球活动的开展提供所需的物质条件和服务保障外，还必须建立起完善的激励机制和奖励措施。通过激励机制的运行和奖励措施的实施，协调好各方的利益，调动各方的积极性，充分发挥各级群众体育组织、群众排球活动骨干分子等的带头作用，为我国群众排球活动的良性展开服务。

第五章
排球运动的人才培养及教学创新发展

第一节 排球运动人才培养的模式与策略

一、排球运动人才“协同创新”培养模式构建

排球运动人才是我国排球运动发展的源泉和基石。“我国排球后备人才培养经历了由多元向一元，由体委培养向体教结合，由国家投入向市场机制转变的培养历程。”[①]伴随社会的发展，运动人才培养过程中出现了运动员文化素养较低和技能较弱等问题，因此重建后备人才培养体系是事关我国排球运动健康、持续发展的关键。

“协同创新”是把协同的思想引入创新过程，在创新过程中发挥各创新要素的作用，在提升自身效率的基础上，通过机制性互动产生效率的质的变化，从而带来价值增加和价值创造。“协同创新”与传统意义上的“科技合作”“产学研结合”有着重要的区别，这并非简单地联合做项目，而是一种高等教育思想、理念的转变，更是深层次的改革和创新。

① 朱岩，李国红，梁万栋．我国排球后备人才培养影响因素及优化策略［J］. 北京体育大学学报，2020, 43（11）: 91-101.

（一）明确“协同创新”培育的理念

“协同创新”既是一种思想、理念的重大转变，亦是更深层次的改革和创新。排球运动人才“协同创新”的培育就是要在后备人才培育过程中，通过体制机制创新突破教育系统与体育系统之间、体育系统与企业之间、教育系统与企业之间存在的壁垒，使创新要素自由地流动组合，最大限度地提升后备人才培育质量和效益，提升后备人才培育的能力。“协同创新”的核心是协同，为此，要构建排球运动人才的“协同创新”培育模式，就是紧紧围绕后备人才的培养，瞄准后备人才“协同创新”培养中利益主体的需求和人才培养等关键问题，通过体制机制创新，积极发挥相关利益主体组合后的创新潜能，实现预期设定的创新目标，从而使每个“协同创新”主体的利益得以最大限度的满足和提升。

（二）积极构建协同创新培育平台

竞技体育后备人才“协同创新”培育的首要条件就是建立协同创新平台，要基于“协同创新”的理念和要求，逐渐建立以学校为中心的“学校—体校协同”“校—队（一线）协同”“校—基地协同（后备人才）”等多种协同创新模式，通过有效聚集创新要素与资源，充分发挥协同创新的合力作用，建立和完善“协同创新”体制机制，形成目标统一、优势互补、共同发展的“协同创新”模式。为此，可以采取基于不同学龄段建立“协同创新”的培养机制，在后备人才读小学、初中阶段，可以采取以“学校”为中心的“学校—体校协同”“校—基地协同（后备人才）”培养模式，学生以文化课学习为主，以业余训练为辅；在高中阶段，采取“校—队（一线）协同”的“体教结合”培养模式。体育部门和教育部门应联手共建从小学到大学的运动训练与文化教育紧密结合的“协同创新”培养平台，并且要逐渐向“完全依托教育系统办竞技体育”的机制过渡。

（三）积极培育“协同创新”文化

排球运动的文化包括物质文化、制度文化、行为文化、精神文化等多个方面。排球物质文化包括排球场地、设施、器材及各种身体活动形式等；排球制度文化包括排球项目的技术规范、比赛规则、管理措施及方式等；排球行为文化是构建排球文化的关键，包括排球运动教学、排球竞赛、排球规则、排球健身和娱乐等；排球精神文化是排球文化的核心，主要包括排球认识、排球情感、排球价值、排球道德等。

排球运动人才“协同创新”培育也需要排球文化的引领，必须积极培育各种排球文化，这也是我国排球运动人才可持续发展的必然要求。可以借助新闻媒介充分传播排球运动的相关知识和以排球为载体的全民健身实践报道；立足精彩赛事，加大赛事电视、网络等媒介的直播与转播，以及借助排坛名人等建立排球项目的形象优势。引导各年龄段的人群，尤其是吸引青少年关注排球，参加排球运动，扩大排球运动项目在青年中的影响力。

（四）完善“协同创新”培育的制度环境

排球运动人才的“协同创新”培育包含多种机制，如动力机制、决策机制、选择机制、投入机制、利益分配机制等，这些机制的有效运转需要完善的制度环境来加以保障。

（1）制定后备人才“协同创新”培育的战略，汇聚“协同创新”的相关利益主体，明确后备人才“协同创新”培育的发展战略，建立长期的发展规划。要凝聚各种社会力量，尤其是学校系统，要形成后备人才系统创新的动力等来支持人才的“协同创新”培养。

（2）建立明确的投入制度，后备人才培养需要大量的人力、物力、财力等方面的投入，以政府部门为主导的相关利益主体要协商建立投入制度，明确各方投入的内容、比例等。

（3）建立“协同创新”培育的利益分配制度。后备人才“协同创新”培育的利益主体应在合作前建立风险分担制度，明确人才培育的目标任务、各方职责与义务，制定明确的考核指标，分层次、分阶段分解风险责任。

另外，为了有效地解决重视竞赛训练、轻视学习而导致运动员文化素质不高等问题，必须要建立确保运动员文化学习相关的制度措施，如运动员学生的入学和出勤、参与校际竞技体育训练竞赛的时间上限、文化学习要求，以及参加各种比赛的资格及青少年后备人才的招生、训练、竞赛、学习等方面的制度。

（五）构建“协同创新”培育的机制

（1）构建科学有效的组织管理体系，成立由教育系统、体育系统的相关利益主体参与的管理机构，负责后备人才重大事务协商与决策，并且要制定后备人才科学与技术的总体发展路线，明确利益主体的责权及人员、资源等归属，实现开放共享、持续发展。

（2）探索促进后备人才“协同创新”培育的人事管理制度，基于后备人才训练竞赛、文化教育，建立以任务为牵引的人才管理方式，推动教育系统和体育系统的人才流动，优化后备人才培育的队伍结构。鼓励教育系统的教师参与体育系统举办的各类培训班，同时要鼓励体育系统的教练员到各级学校去带队。

（3）优化运动训练、文化教育的资源配置方式，充分利用和盘活现有资源，集中优质资源重点支持，发挥教育系统、体育系统的优势，构建有利于“协同创新”的基础条件，形成长效机制。

二、排球运动人才培养的策略

（一）提高教练员的执教水平

在竞技体育中，教练员发挥着重要作用，在球队的训练和比赛过程中发挥着主导作用，且在球队中处于组织者和管理者的地位。教练员的执教水平和管理能力高低直接决定着排球队竞技水平的高低。因此，必须提高教练员的执教水平和管理能力。除了要求教练员拥有专业的知识素养以外，还应要求其掌握丰富的心理学、教育学等诸多学科知识，并且不断地学习和更新先进的训练理念和管理理念，从而促进和实现后备人才的可持续发展。

（二）加大资金投入，支持人才储备

随着时代的发展，培养排球运动人才的经费正在从由计划经济模式下政府拨款的模式向社会和市场化转型。众所周知，充足、稳定的资金支持，可以成为培养我国排球运动人才的物质基础。拓宽资金投入渠道，加

大资金投入力度，开拓排球市场化发展路径，使得发展更加多元，这在很大程度上可以推动排球运动人才培养的可持续发展的进程。

总之，面对我国排球运动后备人才可持续发展中遇到的问题，应从选拔机制、教练员队伍建设、资金支持等方面来着重解决，从而推动我国排球运动后备人才培养的可持续发展进程，为我国竞技体育运动的发展添砖加瓦，创造新的辉煌。

第二节　数据挖掘技术在排球运动教学中的应用

在体育领域，可以通过利用先进的科技手段来促进体育事业的发展。随着大数据的发展，产生了数据挖掘这一技术，目前在竞技体育领域数据挖掘的应用相对较多，在体育教学中数据挖掘的应用也具备很大的潜力。

一、数据挖掘技术在体育领域中的应用

数据挖掘是指从一组或多组大量数据中，通过神经网络算法、二叉树等算法找出数据间潜在的规律或关系，搜索隐匿其中有价值的信息，挖掘过程包括数据采集、数据清理、数据挖掘、评估等步骤。数据挖掘技术是计算机技术和数学等领域的融合，目前已被广泛地应用于体育领域。数据挖掘技术在体育领域被广泛地应用，包括大众体育、竞技体育、体育教学、体育产业等。

在大众体育领域，收集人们的体质测试数据，利用数据挖掘技术可以对这些体质数据进行挖掘，能够发现人们的体质的好坏及身体的健康情况，为大众的健身提供合理的方案。

在竞技体育领域，收集运动员的运动数据，包括视频信息和数字信息，使用数据挖掘技术分析一名运动员或者一种竞技团体的竞技战术，找出自己的优点及不足，还可以分析出对手的弱点，有利于制订有效的对抗战术，提高获胜概率。

在体育教学领域，利用数据挖掘技术处理运动员一段时间内的数据，可以挖掘出运动动作及运动效率的稳定性，有助于教练员找出问题所在，

为运动员制订合理高效的训练方案。

在体育产业领域，数据挖掘技术被用于商业投资的风险评估和利润导向，包括寻找某类潜在的客户或者选择投资某类商品，如通过数据挖掘技术处理一定区域内的某类体育广告或者体育馆的信息，就可以选择在该区域内应不应该投资该类体育产品的延伸服务。

二、数据挖掘技术在排球运动教学中的应用

（一）数据挖掘技术在成绩处理中的应用

排球运动教学内容涉及对学生成绩的评估，学生成绩反映了对排球技术掌握的熟练情况，也是反馈教师教学情况的重要指标。传统上，排球运动课程经常采用Excel表格记录学生的排球成绩，学生通过查Excel表格可以获知自己的成绩，排球教师可以获知本班级学生排球成绩的及格率或高分以上的学生人数，这种处理排球成绩的方法相对简单，获取的信息有限，只是得到一些表层的处理信息，对于后期的排球运动教学指导作用较小。

采用数据挖掘技术方案处理时，得到的信息比较全面和深刻，通过建立数据库存储学生的排球成绩，然后通过神经网络算法或二叉树等算法处理并分析这些数据，可以挖掘出影响排球成绩的关联因素，如教学方法、教学课程安排等不合理条件，这种处理方式为提高学生的排球成绩提供指导，针对影响因素，后期教学时，可以制订针对性的改正措施，提升教与学的效率和质量。

（二）数据挖掘技术在课程设计中的应用

排球运动教学课程设计也是影响学生排球成绩的一个重要因素，传统上，通常采用固定的教学方式，即全班同学采用同一种教学方法，遵循同一种教学课程设计方案，这种模式忽略了学生的个性特点。数据挖掘技术还可以评估排球运动教学课程设计的优劣。首先，收集学生在不同教学方法下取得的排球成绩。其次，采用数据挖掘技术的关联规则处理这些成绩数据，可以挖掘出某类学生更适合哪类教学方法，或者哪一种课程设计方

案更有助于学生提高成绩，因此可以引导排球教师分层次教学，为不同的学生设置具有不同针对性的训练方法，避免“一刀切”的教学模式。此外，还可以为排球教师提供高效的教学课程设计，提高教学效率和教学质量，全面提升学生的排球成绩。

学生是社会群体中的重要组成部分，体育课程在塑造学生身体素质和心理素质方面起着不可替代的作用。在当今信息技术高速发展的时期，大数据成为时代的一大特色，教师在教学中也产生了大量的数据，因此，作为一线体育教师，要结合时代发展特征，有效地利用先进的技术进行教学研究。

作为排球教师，应将自身的专业知识与技能与当今比较热门的数据挖掘技术进行有效的结合。在学生的成绩分析、教学中的课程设计、教学方法的选择等方面，借助数据挖掘等先进技术，挖掘出其背后的规律性知识，对教学进行有效的反馈，从而提高教学质量。

新的教学理念与方法是建立在先进的技术层面上的，将数据挖掘技术应用于教学实践这一构想符合党的十九大精神，也是推动体育事业发展的有力手段。因此，要不断地更新教学观念，有效地利用先进的技术手段，加快体育事业的发展速度。

第三节　“互联网 +”背景下排球运动技术的教学模式创新——翻转课堂

本节以翻转课堂为例，探讨“互联网 +”背景下排球运动技术的教学模式创新。

一、翻转课堂介绍

翻转课堂又称为颠倒课堂、课堂翻转、翻转学习等，这里所说的“翻转”主要是针对传统课堂教学而言的。

（1）翻转课堂就是一种教学形态，由教师创作录制教学视频，学生自己在课下观看视频，再在课上与教师进行交流，并完成教师布置的作业。此前，师生对于翻转课堂的表述大多基于其基本做法，如学生晚上在家观看教学视频，第二天在教室完成作业，如果有问题，就与同学讨论或者向教师求助。这种对翻转课堂的定义，主要是将翻转课堂教学与传统课堂教学相对比，由此突出其特征，帮助人们认识这一教学形式。

（2）翻转课堂改变了直接教学的空间，由群体空间转向了个体空间，使群体学习空间变得更具有动态性与交互性，学生可以在学习过程中充分发挥自身的创造性与主动性。

综上所述，翻转课堂是将原来需要在课堂上完成的知识传授提前到课前，再将原来需要在课后完成的知识内化放到课堂中完成。至于翻转课堂的教学资源、教学信息技术及具体的教学组织方式等，都不属于翻转课堂的原始要求，它们都是在翻转课堂实践发展过程中延伸、演化出来的。

翻转课堂的本质是赋予学生更多的自由。将传授知识的环节放在课前，是为了让学生自由选择适当的、舒适的学习方式，而将内化知识的环节放在课中，是为了让学生更多地、更有效地与教师及其他同学进行交流。

二、翻转课堂教学模式融入排球运动的必要性

（一）我国教育教学改革的新要求

“在我国，排球教学一直是高校体育的重要组成部分。排球具有提高运动能力、合作能力和增强身体素质等作用。由此，排球教师在教学过程中如何能更快地让学生学习及掌握排球能力是对教师的考验。”[①] 随着时代的进步、社会的发展，我国教育教学理念也发生了改变，这也要求教学内容、教学方法、教学手段及教学结构等与时俱进，并适时地做出调整、改革及创新。

翻转课堂教学主张“以教为中心向以学为中心转变”“以知识技能的掌握为中心向以学生的全面发展为中心转变”的教学模式，翻转课堂教学综

① 袁志刚. 高校排球教学中运用“翻转课堂”的策略研究［J］. 当代体育科技，2021，11（8）：93-95.

合了“自主学习”“合作学习”“探索学习”三种教学理念。

（二）教学模式要随着社会的发展而变革

现如今，我国的信息技术发展逐渐趋向成熟，网络环境更加成熟，这就为教学提供了更加丰富多样的教学资源、教学形式、教学内容，使学校课堂呈现出更强的智能性、开放性及交互性。在此背景下，学生的学习习惯、学习思维、学习方式及学习方法等都会发生十分显著的变化。因此，传统以讲解及示范为主的教学模式显然已经无法满足当下师生的教学需求，只有结合信息技术，大胆地创新教学模式及方法，才能促使教学模式能够跟上时代发展的步伐。

（三）实现个性化教学是突破我国学校排球运动教学困境的关键

如何尊重学生的个性、如何将学生的个性发挥出来等成为当下开展教学活动的难点及重点。过去，由于以教师为主导的班级授课制教学提倡共性，不注重个性，学生的个体性差异没有得到排球教师的重视，因此教育学专家提出“分层教学”“差异性教学”等教学理念和方法。这些理念及方法为翻转课堂的出现奠定了一定的基础。翻转课堂这种“以学定教”的教学模式具备极强的个性化，可以很好地尊重学生的个体性及差异性。

翻转课堂的个性化教学的具体表现如下。

（1）上课前，学生完全可以根据自己的情况来选择最适合的学习时间、地点、内容及进度等。对于那些教学中的难点及重点，学生可以借助在线教育等多种途径进行反复多次学习，直至能够完全掌握为止。

（2）上课过程中，学生在自行掌握及学习知识的基础上，与其他学生进行交流，以促使他们在思想上发生碰撞，进而产生新的火花。

（3）课程结束后，学生一定要根据自己的掌握情况及课堂过程中发现的新问题进行反思，以此来加深自身对于知识的掌握程度。

综上，如果将翻转课堂和我国学校教学相结合，将有益于我国学校排球运动教学打破现有困境的桎梏，实现更进一步的发展。目前教育界针对翻转课堂的研究结果表明，人们普遍认为翻转课堂对于提高教学成果具有十分重要的作用。

三、排球运动翻转课堂教学的设计

（一）基础理论

（1）掌握学习理论。人与人之间的潜能是相等的，所以该理论认为教学条件等外部因素是造成学生没有取得良好成绩的主要原因，不是学生智力等内部因素。对此，该理论认为，只要给学生提供充足的学习时间、学习环境及学习氛围，并帮助学生找到合适的学习方法，那么学生一定能取得良好成绩，并掌握好动作技巧等。

（2）学习金字塔理论。学习金字塔理论是指采用不同的学习方式，学生在两周以后还能记住内容（平均学习保持率）的多少。该理论表明，学习方式是否出于学生主观意愿对于学生学习效率及知识掌握的程度具有极其重要的影响性。出于主观意愿学习的效率要比在客观条件压迫下被迫学习的效率要高得多。

（二）设计的理念

翻转课堂和信息化存在不可分割的联系，翻转课堂是信息化社会的产物。由于翻转课堂和传统教学之间的产生背景存在较大的不同，所以二者之间的教学理念也存在十分显著的差异。

排球运动翻转课堂在互联网平台协助下，整个教学过程十分注重师生之间的交流及沟通。在这样的教学环境中，由于教师不再是教学的主体，所以传统灌输式教学方法也不再适用，这不仅意味着学生成为教学的主体，也意味着学生的主体性将在各种探究性活动中发挥出来，学生将会在自身主观意愿推动下，积极主动地参与探究、交流及实践学习活动。

综上，排球运动教学将在这种浓厚的学习氛围中促使学生深化理念，并掌握排球运动技能和知识，实现全面发展。

（三）设计的策略

1. 课前教学设计策略

（1）选好网络教学平台。根据教学现状来看，可供排球教师选择的网络教学平台逐渐增多，针对这种情况，排球教师在挑选网络教学平台时，一定要注意考虑以下两点。

① 注意根据该类网络平台所具备的功能，来选择适合排球运动教学的平台，以此来更好地满足排球运动教学的需求。

② 注意根据实际教学安排来选择最适宜的网络教学平台，切忌出现网络资源运用不到位或者错位的情况，避免资源的浪费。

（2）做好排球运动教学资源的开发与上传。学生在课前的学习，主要依赖排球教师传递给他们的学习资料，这部分资料质量的高低不仅会对学生课前自学的效果产生直接影响，还会对学生后续学习等产生重要影响，因此，排球教师一定要注意把控这部分资料的质量，努力建设高质量的网络教学平台。在网络教学平台之中，排球运动教学资源多以视频、文字及图片的形式出现。

就目前来看，排球运动教学资源的来源渠道主要有两个方面：一方面来自排球教师；另一方面来自网络。两种方式在要求上均需要做到“短、小、精、悍”。

① 所谓“短”，主要指的是要在时间占比上缩短学生学习的时长，原因在于长时间的学习不仅不益于学生掌握知识及技能，还可能因为内容过于枯燥、时间过长等导致学生对于学习产生抵触心理。

② 所谓“小”，主要指的是教学主题要注意控制，避免选取主题过于宏大的教学内容，主要原因在于微视频一般情况下都被剪辑成 5~10 min，因为时长有限，所以不宜放置过多主题，安排一个主题最为合适。此外，还要注意微视频的文件大小，尽量选择小文件，以便于微视频的传播。

③ 所谓“精”，主要指的是教学资源的挑选及讲解一定是要经过精心设计的，简约而不简单，以此让学生能够在短暂的时长内掌握到优质的教学内容。

④ 所谓“悍”，主要指的是排球教师选择的教学资源、教学内容，一定是能对学生产生触动的内容，只有这样，才能尽可能吸引学生投入学习过程中，并能够深刻理解及掌握。

（3）营造良好的在线排球运动教学环境。为了能够满足学生的需求，迎合学生的审美，进而达到尽可能多地吸引学生的目的，相关在线排球运动教学平台应该重视营造良好的学习氛围，注意为学生打造良好的学习环境。通常，一个普通在线排球运动教学平台不仅需要具备上传教学资源的模块，还需要具备在线交流、测试、评价、讨论、发布与批改学生作业、在线学习跟踪与监控等模块。学习的跟踪与监控主要是记录学生一段时间内登录网络教学平台的次数及时长，所以对于这部分内容，排球教师不需要在教学设计中过于重视，但是对于其他模块，排球教师需要在教学设计中着重进行规划，力求使各个模块在视觉上有足够的吸引力、在内容上可以很好地迎合学生对于个性化的需求，进而吸引更多的学生参与其中。

（4）做好排球运动教学内容模块的切割。在线排球运动课程是根据排球运动教学内容的模块来选择教学资源，这就意味着在选择教学资源之前，排球教师会对教学内容进行切割，再基于此来对教学资源进行搜集、整合、开发及上传。

具体在切割排球运动教学内容模块时，一定要注意以下六点。

① 坚持以教学计划及教学目标作为开展排球运动教学的指导，以此来避免走向盲目化。

② 坚持从立体的角度来全面了解、熟知学生的学习状况及学习需求，以此来避免过于主观化。

③ 坚持以全面、发展的眼光来看待教学内容模块的知识、技能及锻炼方法，以此来避免片面化。

④ 注意教学内容的逻辑性，注意各个模块之间的联系，以此来避免看待问题碎片化。

⑤ 坚持因材施教，尊重学生的个体差异，根据学生的实际情况选择教学速度，保证在切割教学内容模块过程中的稳定性、灵活性，以此来避免呆板化。

⑥ 坚持保持教学过程的完整性，切记一定要在教学结束后对学生的表现及时做出评价。

（5）加强在线排球运动教学过程的组织管理。在应用翻转课堂过程中，排球教师应根据学生的具体情况进行排球运动教学设计，并将教学管理及教学指导贯穿教学的整个过程。因此，排球教师能否为学生提供良好的教学设计、教学管理及教学指导等，对确保学生真正掌握排球运动、排球运动教学取得实质性效果等具有决定性作用。在认知水平、排球基础、生理基础等多种因素作用下，大学生这一群体的个性差异十分显著，这在一定程度上决定大学生是否能够完成课前学习任务，以及后续教学工作能否顺畅地开展。对此，排球教师一定要注意做好课前组织及管理方面的工作，只有这样，才能确保课程计划得以顺利进行。

具体来说，在线排球运动教学过程的组织及管理工作主要涉及以下两个方面的内容。

① 根据学生的实际情况，对于各个学习小组提出具有针对性的要求，并提供相应的教学指导，以此来促使学生能够如期在课前掌握教学内容。

② 排球教师一定要注意持续跟踪及监控学生在线学习的进度、测试的成绩，以及自我评价中对于自我的认知水平等，以此来加深对学生学习进度及不足之处等方面的把握，进而对自己的教学指导做出具有针对性的调整。

2. 课中教学设计策略

（1）课中排球教师讲解和示范排球运动教学的策略。在实际教学中，多数排球教师将翻转课堂与信息技术相结合，这为教师与教师、学生之间进行线上交流、测试等奠定了基础，可以帮助教师更加全面地认识学生，然后对学生普遍存在疑惑或者认识不足的问题在课堂上做出统一讲解，对那些只有个别小组或者个别学生存在疑惑或者认识不足的问题可通过专门指导来解决。在此背景下，排球教师应该选取其中的重点进行讲解，以此来提高教学效率。如果排球教师还是采取过去由易到难的教学方式，不仅会和学生课前学习的内容重复，不益于培养学生在学习方面的兴趣，而且可能使学生产生厌烦心理，造成事倍功半的结果。此外，还会导致大量时间花费在教师单方面的输出上，而致使学生和教师之间缺乏沟通及交流等。长此以往，这些就会导致人们对于翻转课堂产生误解，进而将教学方法重新回归到传统教学方法之中。

就课程内容的具体展示而言，排球教师应该基于学生在学习排球技术动作过程中遇到的实际问题，选择关键动作进行示范，以此来提升教学效率，确保学生遇到的实际问题得以解决，使学生有更多的时间来练习排球技术动作。翻转课堂这种“精讲多练”的课堂，不仅可以“促使学生实现健康、全面成长”这一理念得以真正实现，而且可以促使学生深入理解排球运动的知识及技能，丰富学生对于排球运动课堂的学习体验。

（2）课中排球教师组织和管理教学活动的策略。课堂上，排球教师一定要注意通过多种途径引导学生深入理解自己在课下学习的内容。学生虽然在课前已经自学了教学内容，但是由于时间较短且内容较多，所以学生对于排球运动的技术及理论的掌握程度并不高，理解也并不透彻，对于排球运动技术动作的练习仅仅处于模仿阶段。于是，规范学生排球运动技术动作就成为开展教学的重点。排球教师通过这种师生共练的形式来带领学生掌握排球运动的动作，成为排球运动实践活动形式的必要组成部分。对此，排球教师应该将这种师生共练形式放在各种排球实践活动的第一位，这在一定程度上对于及时帮助学生改正错误动作十分有益。

此外，分组练习同样也是深化学生理解动作技巧的重要途径之一。其中，小组与小组之间竞赛对于建立良好的排球课堂氛围、强化学生之间的协作能力等具有极其重要的影响和作用；展示学习成果、分享学习感受等成为让学生在学习过程中收获成就感、激发学生主动学习排球运动课程的热情的重要途径。总而言之，只有将各种活动综合起来，才能为学生的全面发展提供可能性。

3. 课后教学设计策略

（1）课后巩固实践。学习离不开实践，具体在排球运动教学中，学生只有能够在实践中灵活地运用排球运动教学知识、技能及方法，才能使这些内容真正内化成为学生自身的能力。

在认识形成的过程中，一般需要主体发挥注意、试探、体验、识别、表达、试用、整合、记忆等智力活动的作用，综合学生学习的整个过程来看，无论是课前学习还是课中学习，其共同之处都在于这是一名学生发挥注意、试探、体验、识别、表达和试用的过程。由于在这一过程中学生只是一味地吸收，而不注重将本身已经初步掌握的知识及技能进行内化，所以这个过程实际上并不属于一个完整的认知过程。

一个动作技能的形成可分为动作技能的泛化、分化和巩固三个阶段。其中，动作技能形成的泛化阶段主要是指学生在课前借助网络平台自主学习的过程；动作技能形成的分化阶段主要是指学生在课程过程中出于主动或者被动参与的各种排球实践活动；动作技能形成的巩固阶段是指对排球技术与战术进行的加强记忆。

综上可知，现如今在翻转课堂模式下的排球运动教学需要补足第三个阶段，即为学生提供一个巩固知识及技能的过程及时间。换句话说，在当今社会，怎样更好地帮助学生在课后将自己在课前及课中学习到的知识与技能巩固起来，是排球运动教学突破困境、实现进一步发展的关键。换句话说，基于学生本身对于事物就具备一定逻辑及分析能力，来指导学生自主对学习过程中遇到的困难及问题进行总结和反思，进而提升学生解决问题的能力，就成为翻转课堂教学模式下排球运动课后教学的一项重要任务。

在翻转课堂教学过程中，泛化、分化和巩固三个阶段之间密切联系，整个教学过程是一个逻辑严谨且周密的有机系统。课前，学生通过在网络平台上自学初步掌握新知识、新技能、新方法；课中，排球教师的主要任务在于通过教学计划来有意识地引导学生在探究及实践排球运动的过程中，将课前所学的内容逐渐内化成为自己的；课后，排球教师可以通过布置教学任务，来引导学生进一步夯实自己对于所学内容的掌握程度，以及拓宽自己的知识领域。

具体来说，在实际教学中，排球教师可通过以下三种渠道来指导学生在课后尽快巩固所学内容的掌握程度。

① 通过在线讨论及发布作业这一形式来为学生布置作业，进而逐渐引导学生进一步夯实自己已经掌握的知识。例如，排球教师可在课后发起学生在讨论区总结及反思自己在课前、课中表现的优缺点，也可以通过布置作业的形式，让学生根据课堂学习的内容，以视频的方式及时完成作业并上传到网络上。此外，还要求小组组长对于小组成员在完成作业时的表现做出简洁的阐述。

② 排球教师可根据排球运动课程的教学内容，布置小组间的课后比赛任务，要求各小组组长要在线及时汇报比赛结果，在比赛结束后，要将比赛结果和评价结果进行综合评价，以此来帮助学生意识到他们的不足，激励他们更加积极主动地巩固教学内容。

③ 排球教师要注意课后拓展，在课前多准备一些与本课题相关的问题，结束时布置给学生，供学生自行思考、自行探索，以达到进一步巩固教学内容的目的。

（2）对学生在线排球学习效果的评价。翻转课堂的实施以学生掌握一定学习基础为前提。如果学生不能及时完成课前学习目标或者完成效果不达标，那么后续的课堂教学就无法顺利进行。因此，怎样更好地对学生课前学习的效果做出评价成为当前排球教师首要解决的难点问题。不同于文化课，排球运动的教学内容不仅包含排球运动知识，而且包含排球运动技能，其中对于排球运动技能的考查，排球教师无法凭借在线教育来掌握，这点在实际教学过程中，还需要排球教师另外找寻解决办法。

当前，成熟的信息技术为其与翻转课堂的结合提供了条件。在此背景下，广大排球教师一定要在翻转课堂中科学地运用各种网络平台。在将其应用于在线评价学生学习效果方面，可以从以下三点入手。

① 借助网络平台来测试学生掌握排球运动知识的程度。

② 通过视频的形式来录制随机挑选的学生小组练习排球技术动作的过程，以便了解和掌握情况。

③ 搭建与教学内容相关的网络交流平台，鼓励学生与学生之间在此进行讨论，通过学生发表的见解来间接地了解学生对于排球运动知识及技术动作的掌握情况，并结合其他评价方法来评价学生。

四、排球运动翻转课堂教学的实施

（一）课前实施

1. 选择排球运动网络教学平台

网络教学平台是支撑学生进行自学的重要基础。翻转课堂的实施离不开网络教学平台。优质的网络教学平台不仅能够为教师的教学提供便利，还能满足学生的各种需求。优质的网络教学平台应该具有两大特点：第一，无论是对教师还是对学生都具有十分强烈的吸引力；第二，功能完善，操作简便，还可以针对不同的学生提供个性化的学习方案。对此，排球教师及相关人员一定要注意建设及维护好网络教学平台。

在选择网络教学平台时，排球教师一定要做到立足于实践，根据自身的实际需求及网络平台的特点进行选择，从而实现排球运动教学的最终目的。

2. 建设排球运动网络教学平台

建设排球运动网络教学平台需要排球教师综合多种因素，即除了要考虑排球及课堂的教学特点，还要考虑学生的身心特征、所选网络教学平台的特点，为学生量身定做一个网络学习平台。此外，排球教师还要做好教学资源上传、交流答疑、问题讨论及展示学习成果等模块的工作，以此来保证网络教学平台功能的完整性及全面性，保证其切实满足学生的各种学习需求。

（1）教学资源上传模块的建设。具体而言，排球教师在建设网络教学平台的资料上传模块时，一定要做到以下两点。

① 立足于排球运动课程，即根据教学内容来上传相关的教学资源，既可以是音频、视频的形式，也可以是图片的形式，以便学生能够真正地理解排球课堂教学的内容、方法及目标等基础性问题。

② 注意教学资源的拓展性及延伸性。例如，排球教师可以选取某一排球明星具体在赛场采用的技能技巧进行讲解，以此来激起学生了解该技巧的热情，为学生营造一个良好的学习氛围，从而使他们进一步地深入学习排球运动知识及技能。

（2）师生交流答疑模块的建设。网络教学平台设置师生交流答疑模块的主要目的在于突破时间及空间的限制，使教师能够及时为学生答疑解惑。此外，师生交流答疑模块建设还可以起到促进师生之间交流的作用。翻转课堂这一教学模式，多以小组为单位进行，所以学生个体在遇到难题时，首先会在小组范围内解决，只有小组难以解决的问题，才会由小组组长上报给排球教师，排球教师在接收到问题之后，会在线上先讲解给小组组长，再由小组组长传递给小组成员；或者排球教师在课堂中当场给学生解惑。由于排球教师时间及精力有限，所以在安排答疑时间时，一定要注意和学生事先进行约定，以此来集中为学生解惑，避免时间的浪费。

（3）问题讨论模块的建设。网络教学平台设置问题讨论模块的主要目的在于为学生与学生之间、学生与教师之间的交流搭建桥梁，在一定程度上培养学生的团结协作能力，帮助学生形成探索学习、逻辑分析的能力。因此，翻转课堂需要做到尽可能多地吸引学生主动参与到各种学习及讨论活动中，这也进一步地说明了翻转课堂对于排球运动教学的重要性。排球教师可以围绕教学的重点及难点来为学生布置讨论题目，必要时，教师也可加入讨论之中。

（4）学习成果展示模块的建设。设置展示小组学习成果模块，不仅可以加强小组与小组之间的交流，密切小组与小组之间的关系，还能帮助学生体验到学习的乐趣及成就感。此外，其还能作为网络教学平台的亮点，吸引更多的学生参与其中。对于教师来说，设置展示小组成果模块可以及时了解并掌握学生的学习情况，并据此来为教师的教学设计提供指导。

综合来看，目前展示学生排球学习成果的形式主要有两种：一种是图片；另一种是视频。借助上述两种形式，可以展示小组成员或者学生个体的课前学习情况及学习内容。对此，排球教师在设定教学目标时，既可以设置多人即小组学习目标，也可以设置仅适用于个人的学习目标。网络教学平台一定要注意审查学生上传的展示内容，尽量确保学生所展示的学习成果是积极的，这除了可以吸引学生学习排球运动，还能让学生体验到排球运动这一课程的魅力。

（5）在线测试与评价模块的建设。学生在完成阶段学习任务要求之后，可以通过在线测试的形式来对自身对于知识的掌握情况有一个直观的了解。在线测试的题目主要源于日常学习内容，排球教师按照一定的教学要求对此进行设计。在线测试的形式与线下的笔试基本相同。第一步，学生在一定时间内将试卷上的考题全部答完；第二步，排球教师或者系统对学生的作答进行分析；第三步，得出分数，并据此做出评价。评价内容并不固定，既可以是教师对于学生的鼓励，也可以是教师将某一技能具体讲解给学生，帮助学生深入理解等，排球教师可根据实际情况，灵活地运用。

（6）其他模块的建设。一个科学的教学平台，除了要具有上述模块，还应该针对作业发放与回收、通知发放，以及学生信息资料等环节设置相应的模块，这些模块可以辅助教学顺利开展，是实现翻转课堂的重要基础之一，对整个排球运动教学具有不可忽视的益处。一方面，排球教师在开展教学时，不再受时间及空间的限制，教师可以在网上上传相关资料、发布作业等，学生可以通过电脑或者手机等移动媒体及时接收相关通知；另一方面，网络教学平台还能拉近师生之间的联系，教师可以对学生的作业做出反馈，学生可以根据反馈做出改进。此外，网络教学平台还可以借助网络空间对于学生的基本学习信息进行记录及整理，这可以帮助教师进一步地了解学生的学习情况、学习态度等信息。

总而言之，翻转课堂的顺利开展离不开上述任何一个模块，模块的发展水平会对知识的掌握情况、教师的教学效率等产生直接影响。只有在各个模块相互配合、相互协调的情况下，翻转课堂才能在排球运动教学中发挥真正的作用。因此，相关管理及建设人员在建设网络教学平台时，一定要注意组织的全面性、结构的完整性，坚持有重点地进行建设。例如，排球教师在设置网络教学平台的讨论区问题时，一定要注意以教学重点为中心，设置一些多数学生都不懂的问题，一方面可以激发学生的讨论欲；另一方面可以加深学生对知识的掌握程度，锻炼学生的团结协作能力。此外，相关人员在设置网络教学平台的使用规则时，一定要注意将各个模块和学生的实际学习成绩相联系，这可以促使学生在学习成绩的驱动下自主完成课前学习。

（二）课中实施

知识内化是通过知识交流和知识共享，使学生吸收和理解知识，从而改变人们的认知模型，帮助人们理解和支持创新。其本质上就是促进思想不断生成与改进的过程。一方面，学生可以在原有已经掌握知识及技能的基础上，进一步拓展知识及技能的掌握范围；另一方面，学生最新掌握的知识及技能还能加深固有知识的掌握程度。由此可见，同化式内化和顺应式内化两种学习方式并不是固定的前后出现，而是交替出现的。学生在学习排球运动课程时，不仅需要学习排球运动理论，还需要学习相关的排球运动动作，也就是说，学校排球运动课程需要学生将手脚及头脑都调动起来，以此来逐渐将排球运动知识及技能内化。

排球运动学习是一个循序渐进的过程，是一个由易到难的过程。课前，学生先是通过自学对于排球运动课程有了一定的浅层认识及掌握。课中，在经历了教师有意识地引导及教学后，学生不仅对排球运动理论有了更深刻的认识，还对排球运动技术掌握得更加熟练，促使学生进一步将排球运动知识及技能内化成为自己的一部分。

翻转课堂教学模式是一种混合式的教学模式，是一种自主接受学习与合作互动学习的混合，也是一种课内与课外教学的混合，它的实质在于借助信息技术实现以“学”为中心的教学新秩序。翻转课堂教学模式把教学分成两大环节、两个层次：一是学生在课前进行基础知识、基本概念的理解和认识；二是在课堂上师生通过灵活多样的教学展示和交流等学习活动来实现对课堂教学的内化与巩固的新型教学流程。

综合来看，翻转课堂教学模式总共可分成三个部分——准备部分、基本部分和结束部分，这点和传统排球运动课程的结构划分在表面来看是一致的，但二者的实质还是存在较大差别的。

1. 准备部分

由于实施翻转课堂涉及整个课程的方方面面，因此在前期对翻转课堂进行设计和准备就显得相当重要，只有设计合理、准备充分，才能为后面的实施阶段打下良好的基础。准备部分主要包括选择排球运动课程并确定其内容，设计排球运动教学大纲、教学方案和教学课件，录制编辑排球运动教学视频及准备在线排球运动教学材料等。

一旦上述工作准备就绪，就可以正式开始实施翻转课堂教学了。

2. 基本部分

（1）解决学生课前学习中存在的问题。尽管学生在课前对排球运动知识有了一定的掌握，但是由于受到学习时间、学习能力、学习内容等因素的影响，学生总会存在一些疑问。针对这些问题，排球教师需要在课堂中直接解答。对于学生尚未意识到的错误，如动作不准确、动作理解错误等，教师可采取在线测试或者评价的方式来进行指导。

综上，针对学生在学习过程中出现的困难，排球教师既要挑选学生普遍存在的问题，又要挑选一些事关教学难点的问题，帮助学生及时解决学习问题，为后续的学习打下坚实的基础。

（2）规范学生的排球技术动作。学生在课前预习中多以反复观看微视频的形式来进行学习，只是对排球运动技术动作进行模仿，对排球运动技术动作的原理等并没有深入的理解。另外，缺乏他人的监督、管理，或者自身身体素质、学习能力比较差，会导致学生对排球运动技术动作的模仿不到位、技术动作不符合标准。对此，排球教师需要及时了解学生的学习情况，纠正学生的不足，避免错误动作的定型。多数情况下，排球教师可以借助示范法、讲解法等来带领学生准确理解及掌握排球技术动作，进而规范学生的排球技术动作，这对于学生后续的学习十分有益。

（3）学生分组排球实践、排球教师巡回指导。排球教师在纠正学生的排球技术动作之后，一定要注意及时组织学生对已经掌握的技术动作进行巩固。另外，排球教师在监督学生巩固排球动作的过程中，切记不要产生懈怠心理，认为纠正学生之后就不会产生新的错误，而是应该认真、负责地根据学生新出现的问题做巡回指导，以及时解决问题、拓展问题，促使学生朝着更高、更好的方向发展。

（4）组织学生探究排球问题。在翻转课堂的应用中，师生共同探究排球问题，可以培养学生的科学态度和科学精神；提高学生的科学探究能力和创新能力；提高学生的科学素质，促使学生理解科学本质。学习是无止境的，排球运动教学也不例外，所以排球教师一定要注意引导和组织学生在初步掌握排球运动知识及技能之后，进一步深化对于排球运动知识及技能的理解，促使这部分知识及技能能够真正内化成为学生的能力。具体来说，排球教师可采取问答或者讨论、动作体验等形式来帮助学生深化理解知识。排球教师要了解到当前排球运动教学的不足，从而对排球运动教学的内容、方式、手段等及时做出有效的调整，以便于改善后续的教学。

教学过程是一个认识和实践统一的过程。由此可知，实践对学生深入掌握排球运动知识及技能具有不可忽视的作用，是排球运动教学过程的重要环节之一。此外，开展排球交流及比赛也有着不可忽视的作用。排球教师可通过设置排球问题鼓励学生讨论，展示学生学习成果，通过参与排球游戏及竞赛等来加强学生与学生之间、学生与教师之间的联系。排球教师要坚信，无论是开展学习交流活动还是举行排球比赛等，都要坚持以学生为主体的教学目标和原则。

（5）身体素质练习。学习任何一门体育项目的最终目的都是增强学生身体素质。对此，排球教师在开展教学时，一定要坚持以提升学生身体素质、实现学生身心健康发展等为教学指导思想。翻转课堂的实施有益于“健康第一”“终身体育”等教学理念的践行。翻转课堂讲求“精讲多练”，给排球教师留下较大的教学空间，从而根据教学内容随时调整教学重点、教学时间及教学顺序等。

3. 结束部分

结束部分是构成一节完整课程的重要组成部分。翻转课堂教学的结束部分一般时长安排在 5~10 min，主要目的是给排球教师留出一定的放松身体、进行小结的时间。排球教师一般会在结束部分安排一些负荷较轻的活动，以此来使学生实现身心放松的目的；同时，会对本次课程做总结，通过鼓励的方式来增强学生的自信心，激励学生在课后自主复习，也会通过批评的方式指出学生在学习过程中的不足，并提出解决的办法。

在翻转课堂下，排球运动教学逐渐突破了传统课堂的限制，学生可以借助网络教学平台，在课前进行预习。在此背景下，学生的学习过程更加具有系统性、完整性。

（三）课后实施

从认识的规律来看，翻转课堂的课后部分不可或缺。人类的认识服从“感性认识—理性认识—统性认识”“具体—抽象—具体”的规律，认识和实践必须紧密结合。由感性转向理性，其本质就是从现象到本质。

翻转课堂不仅重构了教与学、教师与学生的顺序及地位，也丰富了学生的学习场所，但唯一不能颠覆的便是认识。排球教师采用翻转课堂的目的之一便是提高学生学习效率与教师教学效率。具体来看，翻转课堂的三个阶段的综合作用便在于此，如课前可看作学生的感性认识，学生借助网络教学平台初步掌握课程内容；课中可看作学生从感性认识上升至理性认识的过程，学生通过亲身参与、实际体验等，深入掌握各项排球运动知识及技能；课后可看作学生从理性认识进一步上升至统性认识，学生通过课后反复练习进一步反思及巩固所学知识及技能。

所谓统性认识，意味着学生已经可以通过表象看清事物本质，学生看待事物、分辨事物的能力得以提升。由此可见，课后部分是提升学生思维能力的重要部分。对此，排球教师可借助两方面来加深其功能及效用：第一，注意组织学生对所学内容进行巩固及反思；第二，注意观察学生的课堂表现，结合学生的学习成绩，做出科学合理的教学评价，并据此来调整教学内容。

1. 学生反思总结

学生要学会复盘所学知识，即在课后要对自己在排球运动课堂中学到的排球运动理论及技能进行反复巩固，并结合自身情况进行反思及总结，找出不足，据此进行改正。总的来说，反思的方式是多种多样。目前，学生自主巩固课堂内容的效果并不理想，导致这一现象的原因较为复杂，除了和排球教师没有对这方面做出强制性要求有关，还与学生没有形成反思总结的习惯、其他学习任务较重等有关。

根据实际情况，排球教师可要求学生将自己反思及总结的过程和内容上传到线上。为了能够吸引更多学生加入其中，排球教师可将其与学科成绩相联系，以实现优化学习的最终目标。另外，出于巩固所学内容的目的，排球教师可以以小组的形式组织比赛，并将小组成绩纳入评定学生排球运动课程成绩之中。排球教师一定要注意对排球运动教学内容、方式及手段等做出合理安排，以求尽可能规范学生的排球运动技术动作。

具体以排球垫球及传球技术为例，排球教师可以组织小组进行比赛，三局决胜负。首先，小组内部要根据小组成员的优势及特点做出安排；其次，小组之间开始进行比赛；再次，小组组长要带领小组成员对于整个比赛进行复盘，以此来分析失败或者成功的原因，改正自己的不足，以获取更好的成绩；最后，各小组要把分析和总结资料上交给排球教师，教师要对各个小组做出点评，以此来引导各个小组能够深刻认识到自己的不足。

2. 教师反思总结

课后，排球教师一定要注意根据教学目标对学生的学习情况做出评价，并据此来对教学设计、教学内容等进行反思，找出不足之处，从而进行合理的调整和优化，促使排球运动教学朝着更好的方向发展。

参考文献

［1］ 陈小珍，陈坚坚，田忠，等．排球、气排球与沙排［M］．杭州：浙江大学出版社，2017.

［2］ 任天平．我国排球运动的发展研究［J］．运动，2018（1）：38-39.

［3］ 杨建文．排球［M］．兰州：甘肃人民出版社，2014.

［4］ 赵子建．排球［M］．重庆：重庆大学出版社，2017.

［5］ 陈忠军．“翻转课堂”在高校体育专业排球课程中的运用探析［J］．当代体育科技，2020, 10（18）：174-175.

［6］ 邓海文．高校软式排球运动的发展趋势与对策研究［J］．赤峰学院学报（自然科学版），2010, 26（1）：114-115.

［7］ 郝敏．我国排球运动可持续发展的理论探微［J］．当代体育科技，2012, 2（33）：86.

［8］ 郝朋．当代中国排球运动的发展现状及趋势分析［J］．当代体育科技，2015, 5（30）：242-243.

［9］ 黄涛．基于微课的排球“翻转课堂”教学模式研究［J］．当代体育科技，2018, 8（4）：106-107.

［10］ 阚超．沙滩排球运动员起跳技术研究［J］．青少年体育，2020（8）：88-89.

［11］ 李大军．浅谈排球技术的发展问题和应对策略［J］．才智，2015（27）：355.

［12］ 李敏．青少年排球运动可持续发展战略研究［J］．青少年体育，2019（5）：73-74.

[13] 刘娟 .“翻转课堂”在排球教学改革中的策略研究 [J]. 才智 ,2017（34）: 156.
[14] 罗俊波 . 广州市气排球运动发展及对策分析 [J]. 广州体育学院学报 , 2016, 36（2）: 89-91.
[15] 马磊磊 . 大众气排球运动的开展现状与发展对策研究 : 以甘肃省天水市为例 [J]. 安徽体育科技 , 2020, 41（6）: 64-68.
[16] 马世文 . 气排球运动对个体心理发展的影响 [J]. 当代体育科技 , 2015, 5（7）: 62-63.
[17] 毛亚杰 . 青少年排球运动可持续发展战略研究 [J]. 当代体育科技 , 2020, 10（1）: 211-212.
[18] 祁豫 . 浅析气排球运动的价值与推广策略 [J]. 当代体育科技 , 2020, 10（36）: 207-208.
[19] 邱金新 . 中国排球运动可持续发展与后备力量的培养 [J]. 当代体育科技 , 2016, 6（34）: 224-225.
[20] 任天平 . 我国排球运动的战略性发展探究 [M]. 北京 : 现代教育出版社 , 2016.
[21] 任玉庆 , 蒋月平 , 潘月红 . 新发展理念下我国竞技排球运动机遇和发展路径 [J]. 体育文化导刊 , 2020（5）: 55-60.
[22] 孙微微 . 浅谈排球运动的特点以及发展趋势 [J]. 当代体育科技 , 2019, 9（32）: 241-242.
[23] 王文华 . 合肥市气排球运动开展现状与发展对策研究 [J]. 安徽体育科技 , 2021, 42（4）: 67-69.
[24] 王晓龙 . 排球技术分析的原理、原则与方法 [J]. 当代体育科技 , 2014, 4（18）: 194-195.
[25] 魏小芳 . 论翻转课堂应用于大学体育教学的研究 [J]. 当代体育科技 , 2020, 10（35）: 78-79.
[26] 吴强松 . 从气排球演变历程看气排球运动发展趋势 [J]. 运动 , 2015（6）: 142-143.
[27] 吴彦磊 . 海南高校沙滩排球运动发展的思路和途径 [J]. 商 , 2015（3）: 289.
[28] 谢卓锋 , 张圣波 . 浅谈气排球运动的发展及在中学推广的价值 [J]. 运动 , 2010（1）: 119-120.

［29］ 杨萍．排球运动发展与训练模式探析［J］．当代体育科技，2021，11（24）：45-47.

［30］ 喻绍慧．我国气排球运动的发展及研究现状考察分析［J］．通化师范学院学报，2013，34（6）：119-121.

［31］ 袁安，孙美莲．软式排球运动普及发展的建议与对策［J］．才智，2014（31）：359.

［32］ 袁志刚．高校排球教学中运用“翻转课堂”的策略研究［J］．当代体育科技，2021，11（8）：93-95.

［33］ 张欣．可持续发展视角下我国排球高水平后备人才基地建设：问题与路径选择［J］．山东体育学院学报，2013，29（6）：23-27.

［34］ 张秀丽．软式排球在高校公共体育课的开展与推广［J］．当代体育科技，2015，5（3）：93-94.

［35］ 张艳妮．青岛市沙滩排球运动发展对策研究［J］．运动，2017（3）：47-48.

［36］ 张振中．我国校园沙滩排球运动发展与教学解析［J］．亚太教育，2016（20）：222.

［37］ 赵燕，黄海峰．我国排球运动管理模式研究［J］．体育文化导刊，2015（1）：17-20.

［38］ 郑永才．“翻转课堂”教学模式在高校排球教学中的应用研究［J］．计算机产品与流通，2020（5）：245.

［39］ 朱岩，李国红，梁万栋．我国排球后备人才培养影响因素及优化策略［J］．北京体育大学学报，2020，43（11）：91-101.

［40］ 朱岩．中国沙滩排球项目发展战略研究［J］．北京体育大学学报，2018，41（1）：117-125.